学校をアップデートする思考法

学び続けるチームになる

妹尾昌俊 著
Senoo Masatoshi

学事出版

はじめに

たいへんな教養人の出口治明さん（立命館アジア太平洋大学の前学長）は、「人は3つのことから学ぶ」（学びのルートはおおむね3つに整理できる）と述べています。この3つとは、なんだと思いますか？

わたしの講演・研修では、このクイズをよく出題しています。

学校の先生や教育行政の方、あるいはハードワークのビジネスパーソンは、家と職場との往復ばかりで、通勤中はもっぱらスマホいじりという人も多いかもしれません。それでいて、うちに帰ったあとは「メシ・風呂・寝る」といった生活では、知的生産の仕事ではうまくいかないと、出口さんは述べています。豊かなインプットなしでは良質のアウトプットや創造的な仕事は生まれないと。

そろそろ答えを申し上げましょう。「本、旅、人」です。

「本から学ぶ」とは、過去の反省や歴史上の失敗などが豊富に書籍（とりわけ古典）には詰まっているからです。「旅から学ぶ」とは旅行で視野を広げることを指しますが、気になる現場に出かけてみることを含みます。「人から学ぶ」とは、職場のなかでの学び、それから職場の外の人との学びの両方を指していると思います。

さて、みなさんご自身はそうした学びがどれほど充実しているでしょうか。

本書は、読者のみなさんの**「本、旅、人」の学びのガイド役となりたい**と思って書きました。

詳しくは目次などをご覧いただければと思いますが、学校づくり（学校の組織運営や教育活動）や教育政策を考える上で、わたしが頻繁に参照している軸となっている考え方、思考法を、20冊以上の参考文献とともに紹介しています。もちろん参考文献も手にとっていただけるとよりいいですが、本書1冊でも約20冊分のエッセンスをお伝えできると思います。「本から学ぶ」というわけです。「1粒で20度おいしい」[1]!?

本書は『学校をおもしろくする思考法――卓越した企業の失敗と成功に学ぶ』（学事出版、2019年）の続編になりますが、前著から引き続き、先人、先行者の失敗や試行錯誤、チャレンジから学ぶことを基本姿勢にしています（本書から読み始めても大丈夫です）。

ChatGPTに描いてもらいました

ただし、この2冊は、たんに参考文献や先行者の軌跡を要約したダイジェスト集ではありません。**学校教育や政策にどんなヒントがあるのか、どんな重要課題と向き合っていく必要があるのか、わたしなりに〝翻訳〟し、**提案しているところに、幾ばくか価値があると考えています。

たとえば、第2章で解説するヤマト運輸の宅急便誕生にまつわる戦略は、一見、学校教育や教育政策とはなんの関係もありません。しかし、ここ十数年の教育政策はあれもこれもと同時並列に進めようとしており、最前線の学校現場にとって明確な行動指針とはなっていないケースも多いように見えます。ヤマトのような戦略思考（「サービスが先、利益は後」のような）がいまこそ必要ではないでしょうか。

こうした応用、活用がどこまでうまくいっているか、参考になるかは読者の評価を待ちたいですが（感想やご批判などお待ちしております）、わたしが年間100回以上講演・研修をして全国各地を訪問し、さまざまな教育関係者と対話、議論してきたことがベースとなっています。飲み会もかなり参考になる取材現場だったりします。「旅から学ぶ」、「人から学ぶ」。

本書を含めて、わたしの仕事のベースとなっているのは、「**学校教育はより創造的でおもしろい場になれる、〝伸びしろ〟がたくさんある**」という信念です。

そんな思いを込めて『学校をアップデートする思考法』としました。昨今は欠員（教員不足）や理不尽なクレームが増えるなど、学校を取り巻く状況はたいへん厳しくなるばかりですが、教職員チームに元気と勇気（チャレンジできる気持ちと時間のゆとりなどを含め）が戻り、学校教育がよりよくなっていく力になれば、幸いです。

妹尾昌俊

1　蛇足かもしれませんが、江崎グリコのキャラメル「アーモンドグリコ」の有名なキャッチコピー「1粒で2度おいしい」が元ネタです。若い世代の方はご存じないCMかもしれませんが、よかったら、YouTubeで検索してみてください。

III 改革ごっこは要らない 79

Ⅳ ラクして何が悪い？ 111

V　アンラーニングし、アップデートする

VI 仲良くケンカする——組織の中の多様性 183

I

脱・指示待ち

1 キリンビールに見る、指示待ち組織が自律した、地道な方法

あきらめ感の漂う「どん底組織」が変わった

突然ですが、みなさん、飲み会はお好きですか?

わたしは、講演・研修などのあとで、学校や教育行政等でがんばっている方々とお酒を酌み交わしながら、おもしろおかしな話をしたり、まじめな話を(研修会のときより)つっこんで伺ったりするのが大好きです。たぶんわたしの本や記事の多くは、飲み会で「取材」した成果がかなり反映されています。

とはいえ、飲み会が苦手、あまり好きじゃない人のことも大切にしたいです。

さて、飲み会に関連深いある本がたいへん参考になったので、紹介しましょう。田村潤(2018)『負けグセ社員たちを「戦う集団」に変えるたった1つの方法』(PHP研究所)です。田村さんは、キリンビール株式会社の副社長も務めた方。彼が高知支店長だったときにキリンをV字回復させた経験をもとにした『キリンビール高知支店の奇跡――勝利の法則は現場で拾え!』(講談社+α新書、2016年)も以前ベストセラーになったのですが、『負けグセ社員たちを……』のほうはより方

法論を明確に書いている一冊です。

妹尾はビールは苦手なんですが（ワイン、日本酒、焼酎が好き）、そこは関係なく、とても興味深く読みました。話は１９９５年、田村さんがキリンビールの高知支店長に赴任した頃から始まります。当時の高知支店の業績は全国でも最低水準でした（以下、この節では特に断りのない限り、田村前掲書からの引用）。


それなのに支店で働く社員の危機感が薄く、組織に「負けグセ」が染み込んでいるのを肌で感じました。

本社からは、業績挽回のための「指示」が次々とおりてきます。……売るための施策の数は毎月20項目にもおよびました。単純に「やること」が多い状態にあったのです。

当然、社員たちは指示をこなすのに精いっぱいです。連日、遅くまで業務をこなすものの、毎月数字が下がっていく。社員たちの苦労がなかなか成果に結びつきません。

高知支店長に着任した次の年（1996年）には、県内シェア首位の座を四十数年ぶりにアサヒビールに奪われてしまいます。何をやってもうまくいかない。逆風の連続で、何から手を付けていいかも分からない。なかにはストレスで病を患う社員もいました。まさにどん底でした。（p.21）

こんにちの学校にも似ていませんか？

文科省や教育委員会からはどんどんやることが降ってきますよね。やれ、新しい学習指導要領への対応だ、感染症対策や熱中症対策を万全に、いじめ対策に抜かりはないか、めんどうくさい報告書を締め切りまでに出してください、でも時間外は月45時間以内にはしましょうね……などなど。20以上はすぐにリストアップできそうですが、このくらいにしておきましょうか。

「教育改革」と呼ばれるものや要請はたくさん来るのだけれど、なかなかうまくいっている感じがしない。むしろ、教職員も疲れ果てている。そんな状態が続いている学校も多いのではないでしょうか？

この本では、キリンビール高知支店が**あきらめ感の漂う「どん底組織」からどう変わっていったのか**が語られます。

理念をもとに自ら考えて動く組織に

ポイントは次の箇所です。

> ところが、しばらくすると、ある変化が見られ始めました。現場で働く社員たちの目の色がみるみる変わっていったのです。……（中略）……2001年には……県内シェアを44％まで伸ばしてトップを奪還し、V字回復を達成します。
>
> 高知支店に、売上を上げるためのノウハウやテクニックがあったわけでもなければ、と

くに優秀なリーダーや抜群の成果を出していた社員もいませんでした。

地方のダメ組織が一転してV字回復を達成。いったいこの間に何が起きたのでしょうか。

高知支店が行ったことは、じつにシンプルです。

何のためにこの仕事をするかという「理念」を明確にし、その理念を実現するための「あるべき姿」を描いた。そのあるべき姿と現実とのギャップを埋める「戦略」を自分たちで考え、決めたことを必ず「実行」した。たったそれだけです。（pp.22-23）

具体的にどういうことでしょうか。高知支店が見出した理念は「高知の人たちにおいしいキリンビールを飲んでもらい、喜んでもらい、明日への糧にしてもらうこと」であり、そのためのあるべき姿とは、「どの店に行ってもいちばん目立つ場所にキリンビールが置いてあり、欲しいときに飲んでいただける状態を営業がつくる」というものでした。

わたしはビール業界に詳しいわけではないのですが、おそらく、この理念の文言は取り立てて独自性があるものには見えませんし、ありがちな言葉なのかもしれません。しかし、高知支店がすごかったのは、**この理念とあるべき姿をお飾りにしなかった**ことです。個々の社員に浸透させて、理念とあるべき姿をもとに、支店の社員が自律的に考えて行動していく組織に変わっていく実装力、実行力です。

たとえば、従来のビール会社の営業というのは、量販店や酒屋などに「この商品のキャンペーンを行います、景品を付けるので○○ケースお願いできますか」というプロモーションをかけていくスタイルが一般的でした。しかし、高知支店は、上記の理念とあるべき姿をもとにして行動を変えていきます。

従来のような「メーカーのロジック」を店側に受け入れてもらうのではなく、どうすればお店のなかでアルコール類全体の売上を伸ばせるだろうかという「スーパーのロジック」を聞き、考え、店長やスタッフと一緒になって、魅力的な売り場をつくる、というようになっていきました。（p.119）

わたしが高知支店の社員たちと一緒に始めたのは、管理する文化しかなかったキリンビールにおいて、本社を見ながら仕事をするのをやめたことです。その代わり、徹底的に顧客と向き合うことにしました。（p.38）

だれのほうを見た仕事？

学校や教育委員会はいかがでしょうか。

あなたは、だれのために、だれのほうを見て、仕事をしていますか？

そのことを痛感したのは、２０２０年以降の新型コロナ危機です。未曾有の感染症だったため、ある程度は仕方がない部分はあったのですが、多くの教育委員会や校長、教職員らが、指示待ちになってしまった、あるいは子どもたち起点で考えるということを疎かにしてしまったのではないでしょうか。[2]

全国一斉休校中は、多くの公立学校が学習用プリントを配布するという程度の支援・ケアにとどまりました。「インターネットやパソコンの活用は、そうした環境のない家庭の子どもが不利になってはいけない。だからやらない、できない」と述べる校長等は多くいました。しかし、その結果、ＩＣＴ環境のある家や保護者の支援を受けられる家庭の子どもの学習は進み、そうした環境にない子たち（もともと勉強が苦手という子も多い）はプリントだけでは分からないし、やる気も続かないという傾向になりました。**学校や行政が形式的な平等を重んじたあまり、結果的には格差、不平等を広げてしまった**、とみることもできます。

「子どもたちの基礎的な学力を高めたい」「家庭環境による格差をなるべく是正していきたい」。おそらく教育関係者（校長や教職員、教育行政職員等）ならそうした理念には同意するでしょう。しかし、それを具体化する、実装するというのは、かんたんなことではありません。

田村（２０１８）のなかには、「**理念は『指示の奴隷』から解放する武器**」という一節があります。みなさんご自身、あるいは周りの方はいかがでしょうか。指示待ち、「指示の奴隷」になっていませんか。

2　詳しくは拙著『教師と学校の失敗学――なぜ変化に対応できないのか』（ＰＨＰ新書、２０２１年）で分析しました。

指示と管理だけの世界

たとえ話ですが、次のサスペンスドラマのシーンを想像してみてください。

何者かに誘拐されたあなたは、目隠しされて、どこかよく分からない山奥に連行されました。目隠しははずされたものの、目の前は3つの道に分岐しています。拳銃で脅されたあなたは、引き返すことはできません。常に監視されている、と告げられたあと、ある指示書が手渡されます。「最初は右の道に行け、その次の分岐点は左、その次は（以下略）」と書かれています。あなたは、仕方なく指示書通りに山を登り始めますが、いったいいつまで続けるのか、どこまで行けばよいのか、分からないままです。

こんな登山は誰もやりたくありませんよね？　ぜんぜん楽しい感じがしません。まあ、誘拐事件という設定でしたから、楽しくないのは当然ですが。そうでなくても、目的地も分からないまま指示書通りに動くだけというのは、ひどく疲れることでしょう。

ですが、学校や教育行政で、**指示ばかりが下りてきて、その指示が必要な理由やなにを目指しているのかよく分からない**というケースは、このたとえ話に似ていると思います。

たとえば、「学力向上を図る」という、なんとなくの大きなゴールは示されるのですが、学力向上の意味するところもたいして説明されないまま、○○県がやっているからという漠然とした理由で、「毎回の授業で、黒板の左端には、めあてを書け」「授業のおわりの最後の5分間は振り返りに使え」などと手段ばかりが降ってくる。

それだけでも面倒なのに、指導主事の訪問の際は、そうした「〇〇スタンダード」が守られているかどうかが中心にチェックされ、子どもの様子や変化に関心を寄せようとしない。教職員の声も聞こうとしない。しまいには、スタンダードが実施されているか、学校へ調査まで来る。そんな自治体はありませんか？

ChatGPTに描いてもらいました

本社は責任を回避できる

その後、田村さんは本社の副社長にまでなりますが、次の指摘はたいへん痛いところをついていると思います。

> 業績が芳しくなく、計画が未達となると、（引用者注：本社の）企画部門は新しい施策を考えます。上司からはもちろん、現場からも計画達成のための「さらに良い」施策を期待されるからです。
>
> 戦略会議が開かれ、「今月の計画未達

について要因分析した結果、ここが弱かったので来月はこうやって補強します」「先月の未達分の埋め合わせとして新たにこういう施策を始めます」。そういって、データを添えて、反対しにくい提案を行なえば、会議は通ります。

トップとしては、新しい施策があれば、社外に対しても一応説明できるので安心し、「では、来月はこれでがんばってもらおう」といって、会議は明るい雰囲気で終了します。

こうして企画部門は、自分たちの考えた施策が会議で通ったことで一応満足する。「自分たちはつねに正しい施策を考えている。それでも予定が未達なのは現場が実行できていないからだ」という立場に立てて、責任を回避できるので、安心します。(p.34)

文科省や教育委員会は、まさにこういう状態になっていないでしょうか？　フィクションですが、こんなイメージです。

企画部：社長！　子どもたちの読解力が国際比較調査で下がってきています。

社　長：それは問題だな。新聞各紙がまた騒ぐとやっかいだ。そういえば、言語活動って学習指導要領で強調していたけど、どこへいったんだっけ？　まあ、それは置いておいて、で、どうするんだ？

企画部：主体的で対話的で深い学びで、読解力も上げていきます！

社　長：だよな。主体的にやってもらわにゃ、勉強だって楽しくないし。

企画部：言語活動の充実は、学校現場が理解するには難しかったようです。アクティブラーニングは産業界からの評判も上々です。

言い訳のための会議は要らない

田村さんが東海地区の本部長だった頃、原則、会議を禁止にしました。

その理由はこちら。

会議での議題といえば、なぜ業績が悪いのか、本社に報告するための要因分析や、場当たり的な改善策の検討ばかりで、いってみれば、「会社のお金と時間を使って、いいわけをする能力を習熟させる場」のようでした。

しかも、会議用の資料づくりのために多くの時間が割かれていました。

それは、顧客にとっての価値になんら結びつきません。意味のない会議のコストを顧客に負担させるのは理念に反します。（p.156）

こうして管理のための会議を廃止する代わりに、毎週月曜日の朝に、現状はどうなっていて、今週は何をやるかという作戦会議を始めることにしました。

このあたりも、興味深い話です。文科省や教育委員会、あるいは校長会などでは、言い訳をするための会議が長々と開催されていませんか？

深層に迫らないままで、分析をした気になっていないか。あるいは、うまくいなかったことの**理由を並び立てたり、報告したりすることで、仕事をした気になっていないか**。顧客にとって価値のある仕事をしているか。それらを常に問い続けないといけない、と改めて感じます。

棚上げする、受け流す、徹底してやる

さて、学校の状況はいかがでしょうか。文科省や教育委員会からの連絡で、「なんでそんなことやるの?」「意味あるのかなあ」「やってますというポーズをとりたいだけでは?」と感じる施策や指示に出くわすことも少なくないのではないでしょうか?

キリンビールでも程度の差はあれ、似たことはあったようです。業績が低迷する中で、月に20項目もの指示が来たこともある、と田村さんは述べています。「指示を下したままの、いわば、〝垂れ流し〟状態でした」(p.148)。

田村さんが高知支店長と地区本部長のとき、本社からの指示は、①棚上げする、②受け流す、③徹底してやる、の3つに分けていたそうです「①棚上げする」とは、無視するということです。「それほど多くはありませんでしたが、本社からの指示であっても顧客にとっての価値に明らかに反することは無視する。そのように、部下たちには伝えていました」(p.176)。

「②受け流す」とは、適当にやっておくという意味です。

重視したのは「③徹底的にやる」です。新商品のキャンペーンなど、本社の大きなリソースを使ってできることは、力を入れて現場で活用していきました。

ただし、③であっても、現場で考えて動きました。２００2年発売の「淡麗グリーンラベル」でのこと。エコロジーや環境への関心が高まっていたことから、緑を基調にしたデザインとして、自然派の発泡酒としてキャンペーンをしようと本社は考えていました。

ところが、高知県は森林面積が約83％。田村さんが高知の人々と付き合う中で気がついたのは、お酒をよく飲む人が多く、健康に気を遣っているということ。そこで、本社のキャンペーンを活用しつつも、糖質70％オフを全面に打ち出すキャンペーンとして展開しました。その結果、1人あたりの売り上げが全国平均の2倍で全社1位となりました。

本社の指示やリソースを単に受け身的に対応するのではなく、活用するという発想から生まれたものだと思います。

現場をよく観察して筋のいい戦略を立てる、実行する

高知支店では、本社が陥りがちな発想ではなく、顧客に近い最前線だから見えてくるものがありました。

戦略をたてるうえでのヒントは、やはり現場にあり、そのためにはよく観察することが求められます。（中略）ひとりで県内すべての市町村を回っているうちに、ある傾向に気づきました。（中略）それは、料飲店の影響力でした。料飲店がアサヒを取り扱っている割合が多い地域はアサヒのシェアが高く、キリンを多く扱っている地域はキリンのシェア

が高い。つまり、外でよく飲むブランドを家庭でも飲む傾向があったのです。料飲店で飲んだ銘柄がおいしいと感じられたら、家庭でも飲むようになるのではないか。そう思ったのです。

高知県内のビールの消費の構成比で見ると、家庭用が75％を占めるのに対し、料飲店は25％と4分の1程度でした。しかも料飲店1店当たりの売上規模は小さかったのです。そのため、従来、高知支店の営業マンが回るのは主に問屋や一部の酒販店で、料飲店までは手が回っていませんでした。

しかし、わずか4分の1の売上高でも、その向こうには家庭用の需要があるのだから、料飲店の市場全体に与える影響は大きい。

そこで1997年の営業戦略を「料飲店の攻略」に絞り込むことにしました。（中略）どの料飲店でも「ビール」を注文するとキリンが出てくる、量販店の一番目立つ棚にキリンの商品がたくさん並んでいる。「高知ではキリンが売れている」という情報を伝えよう。その状態を自力でつくり出そう。それができれば反転するはずだ。そう考えたのです。（pp.105－109）

このストーリーもなるほど、と思えるものですね。居酒屋などの料飲店は小規模が多く、売り上げシェアも低いのであれば、営業としては後に回すということが一見合理的です。ですが、田村さんたちが足を運んで高知の人々とビールを酌み交わしながら、気づいたことは、料飲店でおいしいと感じた銘柄を家庭でも飲むのではないか、という仮説です。つまり、料飲店と家庭用の売り上げシェアは1：3と聞くと、くっきり分かれているように見えますが、実は、片方（料飲店用）が片方（家庭用）に影響するという関係性があったわけです。

いくら立派な理念やビジョンを掲げても、壁に飾るだけでは意味はありません。筋のよい戦略と行動力とが合わさって、効果が出るわけです。そのことを高知支店のV字回復は如実に語ります。このあたりに関連深い戦略思考については、第2章でも扱います。

学校に置き換えてみると、いまみなさんが取り組んでいることは、**しっかりした軸、理念に基づくものであり、かつ、効果的な行動指針になっているでしょうか？**

たとえば、コロナ1年目は「休校中の学習を取り戻せ」ということで、授業時数を確保することに一生懸命になっている動きが見られました。1日7時間目までやってみたり、土曜授業を乱発したり。ですが、休校中に学習習慣から離れてしまった児童生徒や、もともと勉強が苦手だった子にとっては、さらにしんどくなる可能性もあったはずです。

もし「ひとりも見捨てない、分かる喜びを感じられる授業にする」といった理念に共感するなら、時数確保よりももっと別にやることはあったはずではないでしょうか。

もちろん、企業と学校はいろいろ違います。ですが、企業の成功例や失敗例の中には、学校にとって自分たちのことを反省する材料、ヒントがたくさんあるように思います。

2／変化を嫌う人を動かすには

変わろうとしない人たち、どうしたらよいか

どうしたら、人は動いてくれるのか。みなさんも悩んでいませんか？

- **これまでのやり方にしがみつく教職員が多くて、変わろうとしない。**
- **できない理由ばかり言いたがる、校長や教職員が少なくない。「あれが心配だ、これが問題だ」とばかり述べて、できるようになる方法を考えようとしない。**
- **「総論賛成、各論反対」で、大きな方向性に異議は唱えないのに、具体的な取組となると、なかなか進まない。**
- **必要性の高いことなのに、どうして、あの人は分かってくれないんだろう？**

こんなシーンに直面したことがある人は、少なくないと思います。

わたしも、研修講師をしていて、ぶっちゃけ話ですが、1度や2度の講演・研修をしたくらいで、学校が変わるのか、人が動くのかと言われると、自信がないところもあります。研修会当日は温度

が上がる（意識は高まる）わけですが、長続きしない。とりわけ、日々忙しい学校現場では、研修等で学んだことなど、ついつい、後回しにされがちです。念のため申し添えると、研修等の受け手（校長や教職員等）の問題だけだと言いたいのではありません。わたしのほうにも要改善点はあるでしょうし、仕組みや環境の問題もあると思います。

最近、いくつかの自治体でフォローアップ研修も行って、年数回、進捗状況などを確認しつつ、時々のお悩み相談に応じる伴走型支援もしています。こっちのほうが前進しやすいです。ただ、こうした丁寧な支援を行うには、お互いに手間（コスト）はかかりますし、そうしても、なかなか変わらない、変われないところも残ります。

さて、そんなわたし自身のモヤモヤ、悩みに、そしておそらく読者のみなさんにとっても参考になる本が、ロレン・ノードグレン、デイヴィッド・ションタル著、船木謙一監訳、川﨑千歳訳（２０２３）『「変化を嫌う人」を動かす――魅力的な提案が受け入れられない４つの理由』（草思社）です。いわゆるビジネス書で、最新の経営学（あるいは心理学）の知見をたいへん分かりやすく解説してくれています。わたしも、この本をヒントに研修内容をアップデートするよう心がけています。

「燃料」よりも「抵抗」に注意する

ノードグレンほか（２０２３）の問題関心と要点は、次の引用箇所によく表れています。

人々に新しいアイデアを受け入れてもらうにはどうすればよいだろうか。マーケティング担当者、イノベーター、経営者、活動家など、変化を生み出すことを仕事にしている人の多くは、深い思い込みのもとに行動している。（中略）その思い込みとは「魅力の法則」と呼ばれるもので、人々を説得して新しいアイデアを受け入れてもらうには、アイデアそのものの魅力を高めるのがいちばんの（そしておそらく唯一の）方法だという信念である。（p.13）

イノベーターたちは魅力を高めるための「燃料」ばかりに注意を向け、方程式のもう半分――自分たちが生み出そうとしている変化に逆らう「抵抗」――をなおざりにしている。「抵抗」とは、変化に対抗する心理的な力だ。「抵抗」はイノベーションの妨げになる。そして、考慮されることはめったにないが、変化を起こすにはこの「抵抗」を克服することが不可欠だ。（p.14）

「抵抗」については、後で詳述しますが、変化することの労力だったり、心理的抵抗感だったりです。

この本では豊富な事例をもとに解説されていますが、なるほどなと思った事例のひとつが、フルカスタマイズの家具（主にソファ）を、他のオーダーメイド家具会社よりも75％ほど安く作ることができるスタートアップ企業の話。同社の顧客層は、何時間もかけてウェブサイト上で、あるいは店頭でデザイン担当者と相談しながら、自分にぴったりのソファを作ることを楽しんでいます。なのに、購入に至らない人が多かった。なぜだと思いますか？

同社の商品や価格に満足できなかったからではないし、納期が遅いといった問題でもありませんでした。なんせ通常のオーダーメイドよりも75％オフですしね。

実は、一番の問題は、自宅にある今のソファをどう処分したらよいか、分からないというものだったのです。粗大ごみで引き取ってくれるのだろうかとか、狭い部屋に2つもソファを置くスペースはないなと思って、購入を躊躇する客が大勢いました。

ChatGPTに描いてもらいました

そこでこの会社では「買い物客の家にあるソファを引き取り、困っている家族に寄付する」と先回りして提案するようにしたところ、成約率が大幅に上昇しました。

商品・サービスの質や魅力、価格などをPRする「燃料」に注意を向けるよりは、顧客、利用者が行動に移せない「抵抗」を取り除くことが重要というわけです。

魅力、「燃料」にばかり頼ると危ない

ノードグレンほか（２０２３）でいう「燃料」とは、「アイデアをより魅力的で説得力のあるものにする力」です。２種類に分けることができます。

ひとつは「促進型燃料」で、伝統的なマーケティング手法である４Ｐ〈Product（製品）、Place（流通チャネル）、Price（価格）、Promotion（販売促進）〉などを通じて、商品・サービスの価値や魅力を増幅させることを指します。

４Ｐというのは、教育関係者にとってはなじみが薄いかもしれませんが、ビジネスパーソンにはよく知られています。たとえば、先ほどキリンビールの話をしましたが、お酒を買うとき、なにを重視しますか？　その商品の品質（味、アルコール度数など）、買いやすい場所で売っているかどうか（流通チャネル）、値段、ＣＭで見たことがあるかどうか（プロモーション）などが影響していますよね。これらは「促進型燃料」です。

もうひとつは「回避性燃料」で、人々に懸念、疑念、不安、恐怖心といった感情を呼び起こすこと。たとえば、ホテルの予約サイトを見ていて、キャンペーン価格で予約できる部屋はあと1室しかない、と表示されると、つい予約したくなりませんか？

ノードグレンらは「イノベーションを花開かせるためには『燃料』が必要かもしれないが、『燃料』には重大な限界があり、そのせいで『燃料』本来の『変化を生み出す能力』が抑え込まれてしまうこともある」と述べています（p.39）。

「燃料」あるいは「魅力の法則」を強調するアプローチの限界とは主には3つあります。

第一に、「燃料」に頼る施策は高くつくこと。燃料は一過性のもので、注ぎ続けなければならないケースも多く、コストがかかります。たとえば、バーゲンセールとか期間限定でオプションサービスするのは、コストがかかりますよね。

第二に、「燃料」となるメリットは誰にでも分かることが多く、PRしてもあまり意味がないときがあります。

第三に、「『燃料』を注ぐと、そんなつもりはまったくないのに、アイデアに対する『抵抗』を増幅させてしまうことがあり得る」のです（p.49）。

この指摘は、公共政策を考えるうえでも、参考になります。妊婦に適切な栄養摂取を呼びかけるキャンペーンが、前掲書では紹介されています。

健康診断を受けに来た女性たちに、正しい食生活の重要性が書かれたパンフレットを渡し、新鮮な野菜や果物を多めに取り、ファストフードなどは避けるように伝える、このパイロット・プロジェクト。大失敗しました。

参加者はむしろ、野菜たっぷりの食事を取ることはさほど重要ではないと考えるようになっていたのです。たとえば、リンゴを5つ買うには10ドルかかるが、ドーナツなら1・99ドルで1ダースも買える。そんな事情も影響しました。加えて、パンフレットを受け取った女性のほとんどは、総合スーパーがない町や地区に住んでいました。

「健康的な食事をしなさい」と言われて、妊婦には心の葛藤が生まれます。葛藤を和らげる唯一の方法は、医師の言葉に背くこと。悪い食事で育った子どもたちが近所にはたくさんいるのに、問題は何も起きていないのですから、たいしたことはない、と思ったほうが気楽だったのでしょう。

この例のように、わたしたちがよかれと思ってやっていることや、効果があるに違いないと思い込んでコストをかけているPRや政策が、実はうまくいっていない、ということは多々あります。

しかし、そもそも、行政機関は、うまくいっていないことを公式に認めようと、なかなかしません(民間企業なども似たり寄ったりかもしれません)。しかも、うまくいかないことをきちんと観察、分析せずに、安易に本人のせいにしてしまうこともあります。先ほどの例では、「わたしたちは一生懸命啓発しているのに意識の低い妊婦が悪いのだ」というふうに捉えて、栄養素の高い食事をする家計負担や買い物へのアクセスの問題については無視する、あるいは過小評価してしまうわけです。

これでは問題解決にならないし、人を動かすことはできません。

冒頭で書いたように、わたしにもいろいろ反省材料はありますが、読者のみなさんにも、**「燃料」をくべることばかりに一生懸命で、うまくいかなかった**例はあるのではないでしょうか?

なぜ、変化できないのか

「燃料」を注ぎ、「魅力」を強調する方法だけでは、なかなか人は動きません。「抵抗」があるからです。

ノードグレンほか（2023）では4種類の「抵抗」について対策も含めて解説されています。

「惰性」：自分が馴染みのあることにとどまろうとする欲求。
「労力」：変化を実行するために必要な努力やコスト。
「感情」：提示された変化に対する否定的感情。
「心理的反発」：変化させられるということに対する反発。

複合的に関連することもありますが、以下では、ひとつずつ紹介していきます。なるべくわたしのほうで、学校教育になじみのある例も提示しながら（前掲書には教育に関する言及が多いわけではありません）。

「惰性」、現状維持バイアス

人々は往々にして新しいアイデアや可能性を受け入れることを嫌がる。メリットが明白で議論の余地がなかったとしても、この傾向は変わらない。というのも、人間の心は不確実なものや変化より、馴染みのあるものや安定を好むからだ。（p.62）

「惰性」に流されやすい現象は**「現状維持バイアス」**ないし**「親近効果」**とも呼ばれます。日常生活の例で言うと、近所に新しいレストランができても、よほど評判になるといったことにならないかぎり、その店には入らず、なじみの店のほうに行ってしまう。

学校教育の例で言えば、世間を時々賑わしている校則の問題。ツーブロック禁止、靴下は黒か白のみなど。おそらく、当の校長や教職員の中にも、「こんな校則必要だろうか、時代遅れではないだろうか」と疑問に思っている人はいるはずです。でも、なかなか見直しが進まない学校は少なくありません。なぜか。

さまざまな理由があると思いますが、ひとつは、校則をゆるめたとき、どうなるかが不安だから、ではないでしょうか。「割れ窓理論」と呼ばれていますが、1枚の割られた窓ガラスをそのままにしていると、さらに割られる窓ガラスが増え、いずれ街全体が荒廃してしまうという考え方があります。校則についても、髪型や服装がルーズになると、どんどん学校生活の規律がゆるんで、問題行動等が増えるのではないか、と心配する先生はかなりいます。

「割れ窓理論」あるいは「校則をゆるめると生徒指導事案が増える」という理論（？）は、本当にそうなのか、検証が必要だと思います。

実際、新型コロナでの休校中はいかがでしたか？　学校に来ることができず、校則で縛ることもできず、いわば、地域に生徒が解き放たれたわけですが、問題行動は増えましたか？　わたしは、「細かな校則で生徒を縛っておいたほうが問題行動は抑制される」というのは、嘘っぽいなと感じています。

しかしながら、**人は変えることのコストやデメリットを大きめに見積もる傾向**があります。これが「現状維持バイアス」や「惰性」です。

新しいアイデアに慣らす、小さく始める

読者のなかには「惰性」に悩んでいる人も多いのではないでしょうか。「これまでのやり方にしがみついて変えようとしない教職員が多い」と嘆く校長や事務長等に多く出会います。どうしたら「惰性」を克服していけるでしょうか。

ノードグレンらは、ひとつの方法として、新しいアイデアに慣らすことで「抵抗」を和らげることを提案しています。

具体的には、**何度も繰り返す**、というシンプルなもの。繰り返し接していると、新奇なアイデアでも親近感を覚えるようになります。

たとえば、「コミュニティ・スクール（学校運営協議会制度）」について、まったく経験がない校長や教職員にとっては、抵抗感があると思います。「そんなのやらずに、これまでの学校評議員でも、地域のご意見は聞いているんだし」と思う人も多くいるのは、「惰性」あるいは『現状維持バイアス」とも言え、自然な発想です。ところが、近隣校でもやり始めている。教育委員会からの説明や研修会でも何度も聞くようになった。校長会などで聞いても「そんなに大変じゃないよ」という声も多い。こうなってくると、ずいぶん「抵抗」は低くなりますよね。

小さく始めることも、オススメ。わたしがお手伝いしたある公立中学校の校則では、見直し案で3カ月限定、試行期間などを設けて、やってみました。そうすると、心配していたデメリットやリスクはあまり深刻ではないことが分かります。

もうひとつの方法として、**選択肢の提示に相対性を取り入れる**ことが紹介されています。たとえば、レストランなどでのワインリスト。1本1万円のボトルが掲載されていると、6千円のボトルが、いくぶん安く感じませんか？　映画館でのポップコーンでも、バケツのようなXLがあると、その下（LLなど）が小さく見えたり、LLでもカロリーはそれなりに高いけど罪悪感が減ったりしませんか？　このように、極端な選択肢を追加するのも効果的な場合があります。

「労力」が信用を下げる

「抵抗」のひとつに「労力」があることは、イメージしやすいと思います。変化することの手間や苦労のことを指します。ノードグレンほか（2023）では、興味深い研究が紹介されています。

2人の同僚の席が50メートル以上離れてしまうと、会話や協力がまったくと言っていいほどなくなる、という調査があるそうです。これは、みなさんの職員室などでも当てはまりますか？　小学校では担任が学級にいることが多くて、あるいは高校では教科準備室等にいて、職員室にいない。こうなると、協働は減ってしまいそうです。事務室についても、集中して事務作業ができるといった効用もありますが、コミュニケーション不足も起こりやすくなります。職員室のレイアウト（席配置等）改革や席替えは、意外といろいろな効果があると思います。

別の7万5千人を対象とした顧客ロイヤリティー（信頼や愛着）に関する調査も興味深いです。キャッシュバックや粗品など、顧客の期待を超えることを目指した「燃料」中心の戦術では、ロイヤリティーは高まりませんでした。やりとりでよく発生する「抵抗」（何人もの担当者に問題を説明しなければならないことなど）を減らすことで、ロイヤリティーが構築されるのだそうです。

たとえば、家庭でインターネット回線を引くとき。サービスの品質（通信速度や安定性など）や価格はもちろん大事です（前述の4Pを思い出してください）。キャッシュバックやポイントも付くと、うれしいですよね。でも、開設までに何日もかかったり、たくさんの書類を記入して郵送しないといけなかったりすると、その通信事業者への評価は下がってしまうのではないでしょうか。問うべきは「どうすれば顧客に喜んでもらえるか?」ではない。「どうすれば、顧客に負担をかけずに済むか?」なのです。

学校での身近な例は、4月に保護者に書かせる書類の多さです。うちは子どもが多いこともあって、慣れっ子ですが、保護者として、正直うんざりするときもあります。市区町村立小中学校であれば、教育委員会はうちの住所を把握しているはずなのに、何度も住所を書く欄がある。しかも手書き。家庭訪問するから地図まで書け（うちは毎回グーグルマップを貼り付けていますが）。こうした書類は、ともすれば、「学校はいつまでも変わらないな、社会の流れから遅れているな」というネガティブな印象を与えている可能性があります。

でも、学校や行政が変わらないのは、変えることの「労力」が大きいと思われているからですよね?　そこも理解しています。前述の校則についても、「惰性」に加えて、「労力」の問題も大きいと思います。

工程を簡素化して「労力」を減らす

「労力」をどのようにして減らすことができるでしょうか。

興味深い事例のひとつが、途上国における安全な水の供給です。水処理インフラが整備されていない国では、援助団体が浄水用の塩素ボトルを家庭に配布しています。この活動、信頼性も費用対効果も高いのですが、実際に使用してくれている家庭は10％程度に過ぎません。

なぜか。水汲み場にまで出かけるなど、たいへん「労力」がかかる上に、塩素を正しく計量して水に加えねばなりません。濃すぎては有害ですし、薄すぎては浄化されません。おまけに塩素を入れてから浄化されるまで20分程度待つ必要がありました。要するに、面倒くさいのです。

ノーベル経済学賞（２０１９年）を受賞したマイケル・クレマーが率いる非営利団体ＩＰＡは、この工程を簡素化しました。公共取水所に塩素ディスペンサーを設置。汲んだらその場で塩素を加えてもらうことで、浄化されるまでの待機時間の問題をなくします。クランクを１回転させるだけで正確に計測された塩素が吐き出される設計にしました。さらに、明るい色で塗装して目立たせることで、入れ忘れが起こりにくくしました。

こうした工程の改善によって、ケニアでの実験では、水を浄化する世帯が14％から61％に跳ね上がったそうです。すごい変化ですね。

みなさんも「労力」がかかりすぎているために変化を妨げている事例は、思い当たりませんか。

たとえば、教職員のメンタルヘルス対策として、ある自治体の教育センターにはカウンセラーがいて、いつでも相談にのってくれますよ、という体制だとします。みなさんなら、利用しますか？そのセンターまで車で1時間以上かかる。勤務時間を終えてから向かっても間に合わない（わざわざ休暇を取らないと行けない）。カウンセリングに行くのに職場の同僚に迷惑がかかる気がする。会ったこともないカウンセラーと合うか不安。そもそも根本的な解決にならないのでは？　などなど。まさに「労力」と後述する「感情」の「抵抗」が大きいのではないでしょうか。

これでは、「メンタルヘルス対策やってますよ」という教育委員会のポーズにはなっても（もちろん利用される方もいるでしょうが）、実際はそれほど役立っていないのでは？

わたしが教育長だったら、次のように変更します。オンライン会議で勤務校や自宅からつなげます。カウンセラーが定期的に研修会などをして、その人となりを知ってもらいます。秘密は守りますが、内容によっては本人の承諾を得た上で、服務監督権者に対策を促すように働きかけます。そうした相談サービスだったら、利用しようとする教職員は増えるのではないでしょうか。

気づきにくいが、大きい「感情面での抵抗」

次に「感情」についてです。この「抵抗」は、アイデアやイノベーションを阻害する否定的な感情を指します。

紹介されている例のひとつが出会い系アプリ、ティンダー（Tinder）です。ティンダー以前のマッチングアプリでは、オンラインのプロフィールづくりに多大な時間を費やし、検索も条件を変えれば、いろいろと結果が変わるので、手間のかかるものでした。しかも、気に入った相手が見つかったら、非の打ち所のないメッセージを作成しなければなりません。その人が運命の人かもしれないのですから。ユーザーはメッセージを書いては書き直すという作業に何時間もかけていました。

ティンダーは、こうした「労力」を取り除きました。プロフィールは数分で作成できるし、気になる人がいたら、メッセージを送る必要はなく、画面をスワイプする（画面に指を置いてスライドさせる）だけでよいことにしたのです。

これらは「労力」の例ですが、ティンダーの成功はそこだけで説明できるものではありません。

別のアプリ、当時のマッチドットコムなどでは、相手が自分に関心を持っているかどうか分からない状態でメッセージを送る必要がありました。そのため、大量のお断りを発生させていたのです。就活などもそうだと思いますが、断られてばかりいると、しんどくなって退会する人が多くいました。

ティンダーは、この「感情面での抵抗」を和らげるために、互いに右スワイプした相手でなければ、メッセージを送れない仕様としました。

もうひとつ興味深い事例が、米国最大手にまで成長したスウィートウォーター・サウンドという音響・楽器店の話。

ギターショップなど楽器店は、初心者が怖じ気づく場所です。というのも、通常、楽器店では音楽や音楽機材に非常に精通している人を従業員に雇います。その中には、素人に説明するのを退屈だと感じたりする人もいて、それが出てしまうときがあります。「えっ、そんなのも知らないんですか」みたいな表情になったり。

「知識の呪い」と呼ばれている認知バイアスも関係します。「知識の呪い」とは、自分の知っていることは、他の人も知っていると思い込んでしまい、そのことについてあまり知らない人の立場を理解することができなくなってしまう傾向のことです。

初心者は玄人とのやりとりで、恥をかいたり、批判されているようなイヤな思いをすることがあるから、あるいはそう恐れるから、楽器店からは遠ざかってしまうわけです。

そこに目を付けたスウィートウォーター・サウンドは、全従業員に13週間ものトレーニングを義務づけ、それを終了してからでなければ接客ができないようにしました。「特に重点が置かれているのは、初心者の気持ちに寄り添い、肯定的な態度で接するためのトレーニング」(p.190)。ある店員は新しい顧客と初めて話すときは楽器の話は一切しないそうです。その代わり、顧客はどんな夢を持っているのか、どんなことをしている自分を思い描いているのかを尋ねます。夢を応援し、目標に向かって第一歩を踏み出そうとする意欲を讃えるようにしているそうです。

「あなたならできますよ」と励ましてくれたら、嬉しくなって、警戒心や猜疑心はなくなりますよね。

こうした事例を聞けば、「感情」が「抵抗」になりうることは理解していただけると思います。

しかし、人はネガティブな感情やホンネをなかなか表に出そうとはしません。むしろ隠そうとしますので「感情面での抵抗」に気づくのは難しいのです。

生徒も「感情面での抵抗」に苦慮しているのでは？

「感情」のせいでなかなかうまくいっていないこと、みなさんの周りでも、何か思いつきますか？楽器店で見られた「知識の呪い」は、多かれ少なかれ、授業や部活動でも起きているかもしれません。スポーツの世界でも、「名選手、必ずしも名監督ならず（一流の選手が一流の監督になるとは限らない）」といったことがよく言われますよね。とりわけ中学校、高校ではその教科の専門の先生なので、この説明で生徒は理解してくれるだろう、と思ってしまいやすいのかもしれません。

新採教員や学級担任（とくに小学校）が学級経営等でのつまずきや悩みをひとりで抱え込みがちなのも、似た問題だと思います。相談すると、自分が指導力のない人間だと思われるのではないか、という恐れ、「感情面での抵抗」があるから、相談できない。しかし、抱え込んでも問題は解決するどころか大きくなってしまって、悪循環になる。

先ほど教職員のカウンセリングについて述べましたが、児童生徒向けのカウンセリングについても同様に考えられます。数年前に神奈川県立田奈高校を訪問したことがありますが、図書館カフェといって、学校図書館でジュースを飲みながら談笑する日がありました。そこで、若者向けの支援者（教員ではない）が生徒との距離を近づけるのです。相談室にいても、なかなか寄ってくれないからです。この例は「労力」を小さくしていると見ることもできますし、関係性をつくることで「感情面での抵抗」を小さくしている例と捉えることもできると思います。

なぜ？を繰り返す

前述の通り「感情面での抵抗」には気づきにくいのですが、本書に提案されている方法のひとつが「なぜ？」を繰り返して本当の理由を探ること。たとえば、ある学校では留守番電話の導入をしていません。「どうしてですか？」と尋ねると、緊急時に対応が必要なときもあるし、こちらからかけたいときもあるしなど、一応の理由を述べます。でも、緊急時は別途連絡手段を確保しておけばよいので（教委に連絡がいくなど）、根本的な理由とは言えません。なので、1回や2回の「なぜ？」で引き下がってはいけないときもあります。

よくよく聞いていくと、保護者からクレームが来ないか不安という理由のほうが大きいことが分かったりします。留守番電話の導入に伴う保護者からの苦情には教育委員会が対応する、などとなっていれば、ずいぶん「感情面での抵抗」は和らぎますよね。

人は変化を強要されることを嫌う

さて、4つの「抵抗」のうち4つ目「心理的反発」に注目します。

米国のシートベルト導入後の様子が、前掲書では紹介されています。シートベルトのおかげで、交通事故による死亡率は50％近く下がり、米国では毎年およそ3万人の命が救われています。メリットや必要性は明らかです。しかし、1984年にニューヨーク州がシートベルトの着用を義務化して以降、複数の州が追随しましたが、これに国民は反発。中にはシートベルトを切り取る人や訴訟を起こす人もいました。1986年になっても、シートベルトを常時着用している米国人は17%に過ぎなかった、というデータもあります。

どういうことでしょうか。

人は変化を強要されることを嫌うのです。「ああしろ、こうしろと指図されたくないのである。（中略）変化を迫られていると感じると、人は無意識のうちに変化に反発する。これを『心理的反発』と呼ぶ」（p.224）。

興味深い実験があります。ある大学が男子トイレの落書きを減らすために2種類の貼り紙の効果を検証しました。一方には「落書きは絶対禁止」、別のところには「落書きをしないでください」と書きました。結果は……どちらの貼り紙も逆効果でした。落書きが増えたのです。ただし、「落書きは絶対禁止」の貼り紙が貼られたトイレのほうが各段に落書きが増えました。これも「心理的反発」のひとつ、と述べられています。

「心理的反発」は、みなさんの周りにもあるのではないでしょうか。文科省や教育委員会から「あれをやりなさい」「この書類を作りなさい」と言われると、「なんでこんなことやらないといけないんだ」「アイツらは学校現場の苦労を分かってない」という気持ちになるのも自然なことだと思います。シートベルトを切り取った米国人と違って、日本の教職員は、イヤイヤでも指示されたことを一通りはやることが多いかもしれませんが。

説得するのではなく、「イエス」を引き出す質問をする

「心理的反発」にどう対処していけばよいでしょうか。

ノードグレンほか（2023）では2つの方法が紹介されています。

ひとつは**相手が自分を説得するのを助ける「自己説得」**という方法です。たとえば、薬物依存やアルコール依存の患者に対して、優れたカウンセラーは、説教したり指示したりするのではなく、質問します。こんなふうに。1から10までの目盛りがついた物差しがあると思ってください。10はきっぱりと飲酒を止めて一生しらふでいること。1はまったく逆で、しらふの生活になんのメリットも見出さず、一生酒浸りで生きることに何のためらいも、不安も感じていません。あなたはこの物差しのどこの位置にいるでしょうか？

ほとんどの人は2と4の間のどれかを答えます。カウンセラーは「どうして、1ではないのですか？」と問います。断酒に合意する理由を依存症者本人に考えさせるのです。合意点や一致点を明らかにする、「イエス」を引き出す質問をすると、アイデアを受け入れてもらいやすくなります。

参画、「コ・デザイン」が大切な理由

もうひとつの方法を考える上で、婦人服を製造するハーウッド・マニュファクトリーの事例が示唆的です。

この工場では、製造工程のコスト削減を考えています。従業員は3つのグループに分けられました。「無参加グループ」では、新しい作業手順を導入することになったと、経営者から告げられ、その後、手順をマネージャーが事細かく説明しました。2つ目の「全面参加グループ」では経営者が従業員に問題点を説明し、コスト削減のための解決策を考えるよう求めました。経営陣と従業員は力を合わせて最適なアイデアを選び、新しい作業手順作りに協力して取り組みました。全面参加グループのほうが無参加グループよりも大きな手順変更に賛成しました。

結果、どうなったか。無参加グループでは、変化を嫌う従業員の不満が高まり、マネージャーと従業員との関係が悪化。従業員の士気も低下してしまいました。それどころか無参加グループの生産量は以前の約3分の2まで落ち込んだのです。一方の全面参加グループは、新しいプロセスにまだ慣れていない最初は生産性が低下したものの、その後は以前の水準を上回りました。

3つ目のグループでは「代理人を通じた参加」が認められました。無参加グループと同様、このグループも新しい手順に従うよう指示されましたが、懸念点やアイデアがある場合は、あらかじめ任命された代表者を介して経営陣に伝えることができました。この3番目のグループは、無参加グループとまったく同じ反応をしました。参画の程度が小さい（浅い）と、あまり効果はないということです。

イノベーターは全部の脚本をつい自分で書き上げようとしがちだ。自ら問題を突き止め、最適な解決策を自分で判断する。（中略）だが、自分のアイデアを受け入れてもらいたい

のであれば、人々をそのプロセスに招き入れる必要がある（p.257）

人事異動の時期、変えられないか？

ここからは、応用、活用です。変化を嫌う人をどう動かすか。**指示待ちや現状維持が好きな人間の傾向（認知バイアス）に共感しつつも、どのようにして変化、自律的な動きを促すか**について、4つの「抵抗」を参考にしながら、考えてみましょう。

最初の素材は、人事異動。

毎年4月は、教育関係者（教職員や教育行政職員）の多くの方々にとって最も忙しい時期ですよね。公立学校では4月にかなりの人数、異動します。児童生徒も4月で入れ替わりますし、学校というところは入学式、卒業式などを見ても、4月〜3月というサイクルがしっくりくるのは理解できます。

でも、わたしは、教頭と学校事務職員は9月異動などのほうがよいのではないかな、と思っています。教頭と事務職員にとって、4月は一番重要な書類や手続きが多いのではないでしょうか。率直に申し上げると、クソ忙しい。その4月に教頭1年目、事務職員1年目で、右も左も分からないままスタートする人もいるというのは、「無茶ぶり」だと思いますし、手助けする余裕が周りもありません。

実際、中央省庁では、課長補佐級以下は4月異動でも、課長級以上の幹部は7月にかなり動きます。これは、通常国会の会期も影響しているようです。

教頭と事務職員を9月異動にすると、8月の比較的ゆとりがあるときに引き継ぎもできます。予算がかかる施策でもありません。なのに、どうして、こうした工夫あるいは試行をしない教育委員会がほとんどなのでしょうか。

ノードグレンほか（2023）を参考にすると、4種類の「抵抗」がある、ということでしたね。再掲します。

「惰性」：自分が馴染みのあることにとどまろうとする欲求。
「労力」：変化を実行するために必要な努力やコスト。
「感情」：提示された変化に対する否定的感情。
「心理的反発」：変化させられるということに対する反発。

複合的に関連することもありますが、教職員の異動については、これまでずっと4月だったという「惰性」が強く働いている可能性があります。また、都道府県や政令市の教職員課などの人事担当セクションは、おそらく教委の中でも最も忙しい部署のひとつでしょう。不祥事対応などもありますし、採用も担当しています。異動や配置について9月分も検討せよ、というのは「労力」がかかるものでもあるし、採用試験スケジュールとかぶる時期なので、余計面倒なのかもしれません。

また、変更してみて、問題が起きたら、世間や議会から非難されるのはイヤだなという気持ち、そして、そうなると一層忙しくなるという恐れ、心配も影響しているかもしれません（４つの抵抗のうち「感情」と「労力」）。

仮にそうだとしたら、メリットのみを訴えるのではなく、こうした「抵抗」をどうしたら少なくできるか、対策を考える必要がありそうです。

なぜ、働き方改革はうまくいかないのか

次の応用問題です。

ここ数年ずっと「働き方改革」と言われていますが、みなさんの学校や教育行政等は、いかがでしょうか。学校での働き方改革が難しい、なかなかうまくいかない理由、背景についても、４つの「抵抗」を参考に考えることができます。以下のような教職員の声、ホンネに向き合う必要があるのではないでしょうか。

○「惰性」：自分が馴染みのあることにとどまろうとする欲求

・これまでの仕事の仕方を変えたくない。

・学校行事などについて、大きく変えるよりも、前例踏襲でやったほうが無難で、「別にこのままでいいんじゃないか」と思う。

○「労力」：変化を実行するために必要な努力やコスト

・仕事や教育活動を変えるのは面倒くさい。
・教職員や関係者（児童生徒、保護者等）に説明するにも労力がかかる。それに、部活動や学校行事などを大きく変えて、保護者等の反対やクレームに発展したら、やっかいだ。
・「働き方改革を進めよ」と言われても、何をどうやったらよいか、分からない。

○**「感情」**：提示された変化に対する否定的感情
・児童生徒のためになる活動をやめたり、減らしたりしてよいものか、という戸惑いや違和感がある。あるいは減らしたくない、という思いが強い。
・自分のなかでの「よい教師像」とのズレや葛藤を感じる。
・残業が減っても、授業や生徒指導など教育の質が下がってはいけない。
・働き方改革というと、自分たちがラクしたいと言っているような気がして、違和感がある。
・部活動や学校行事、生徒指導（たとえば生活ノートの点検）について、教職員の間で考え方や意見が分かれそう。対立したくない。

○**「心理的反発」**：変化させられるということに対する反発
・文科省や教育委員会、校長によって、自分たちの働き方が勝手に変えられていくのはイヤだ。
・あまり細かいことは言わず、自分たちのやりたいようにやらせてほしい。
・文科省や教育委員会は「働き方改革を進めろ」と言いながら、学校の業務を増やしてるじゃない

か！（怒）

いかがでしょうか？　これらは一例で、ほかにもあると思います。

なお、教職員の意識や抵抗感だけが問題ではなく、政策や制度の問題、あるいは学校や教育行政の組織的な問題にも目を向ける必要があることは強調しておきたいと思います。

同時に、先ほど例示したように、**教職員の「抵抗」にもしっかり向き合っていかないと、「早く帰りましょう」と呼びかけるだけでは、ダメ**ですよね。

たとえば、「そろそろ帰りましょう」「在校等時間を短くしましょう」と呼びかけるだけでは、「心理的反発」が大きくなります。「コ・デザイン」の発想を採り入れて、教職員参画の下、改善アイデアを練る。また、何かを変えたことで、保護者等からの疑問やクレームがあれば、そこは管理職が対応するという方針を示し、教職員に安心感を与える（＝教職員の「労力」や「感情面での抵抗」を減らす）。校長や教頭にとっては大変な部分は残りますが、そうした方法もひとつです。

教員志望者を増やすには？

次に、学生や社会人の教員志望者をどうしたら増やすことができるのかについても、4つの「抵抗」を参考に考えてみます。

学生らの声、ホンネとして、次の部分がひっかかっている可能性があると思います。

○「**惰性**」：自分が馴染みのあることにとどまろうとする欲求

・なじみのある地域で働きたい。住んだことのないところで就職するのは不安がある。

※実際、浜銀総研が大学4年生向けに行った調査（2022年2月、3月実施）によると、どの地域の採用試験を受験するかについて、「実家がある（近い）」がダントツ1位です。

・先に内定をもらった民間企業では、懇談会などで親しくしてもらったので、教員採用試験はもう受けなくていいと思う。

○「**労力**」：変化を実行するために必要な努力やコスト

・教職課程でたくさんの単位を取るのは大変だ。教育実習などでさらに忙しくなるのはイヤだ。

・教員採用試験対策は大変だし、面倒くさい。

・民間の就活や他の公務員試験対策と同時にやるのは、スケジュール的にも厳しいし、疲れる。

○「**感情**」：提示された変化に対する否定的感情

・先生になると、4月からいきなり学級担任や部活動顧問を持たされて、うまくやっていけるだろうか。不安しかない。ややこしい保護者にあたったら、どうしよう。

・学校の先生は忙しすぎて、休日もゆっくり休めないと聞く。わたしはプライベートも充実させたい。

・教育実習に行って、やはりわたしにはムリだと思った（ハードすぎたり、職員室の雰囲気が悪かったりして)。

・親に「学校の先生は大変だから、やめておきなさい」と言われた。

○**「心理的反発」**:変化させられるということに対する反発

・大学から「教員採用試験を受けろ」と繰り返し言われて、うんざり。あなたたちの評価のために、わたしの就活があるわけではない。

いま、各地の教育委員会は、教員のなり手確保として、教職の魅力発信に熱心です。YouTubeで検索してみると、とても美しい景色や特産品など、地域のPRとともに、現職の先生たちの声を紹介しつつ、先生の仕事の魅力ややりがいを強調しています。

これらが無駄だとは申しませんが、『「変化を嫌う人」を動かす』が述べる「燃料を注ぐ」アプローチが多く、学生らの不安や「抵抗」に真摯に答えているようにはあまり見えません。

これでは、**下手をすると、逆効果に**なります。そんなに魅力をPRしないと人が集まらないほど、大変な業界なんだ、と言っているようなものだからです。また、中途半端な採用試験の前倒し(従来より1カ月程度早めることなど)では、講師などをしながら採用試験対策をするのが一層難しくなりますから、「労力」を高めてしまっており、志望者をさらに減らす可能性があります。加えて、内定辞退者もたくさん出て、採用数が一層読めなくなるリスクもあります。

魅力発信よりも不安解消（「抵抗」を減らす）

文科省も各教委も、こうした「抵抗」をなるべく少なくする施策を打っていく必要があります。一言でまとめると、魅力発信よりも不安解消が先決。

たとえば、山形県教委は、1年目の新採教員をなるべく副担任からスタートできるようにしています（比較的規模の大きな学校に限ったものですが）。1年目の教員の不安に寄り添った施策と言えます。ただし、こうした取組を自治体の工夫や裁量次第と見なすよりは、国としても、教員定数を改善して、制度的にも財政的にも後押しすることが重要だと思います。

それから、不安の大きい労働環境については、各教委も働き方改革の状況について情報提供している例は少なくありませんが、「サポートスタッフを置いています」「夏休み中は閉庁日を設けて休みを取りやすくしています」といった内容が多いのではないでしょうか。そうした取組や情報だけで学生らの不安にどこまで応えられているのか、疑問です。たとえば、「夜遅くまで残って仕事をされている先生もいますが、職員のほとんどが18時には退庁している学校も○割くらいあります」といった情報を出しては、いかが？

また、「理不尽なクレームに対しては校長らが対応しますし、それでも難しい事案には教育委員会が弁護士の協力のもと対応し、みなさんを守ります」と言ってはどうでしょうか。

II

○○は先、××は後

――戦略思考と複眼思考

1　宅急便を生み出した、徹底して考え抜くことの意味

今回取り上げるのは、ヤマト運輸です。ネット通販などもあって、みなさんもほぼ毎日のように宅急便にはお世話になっているのではないでしょうか。[3]

今ではなくてはならない、社会インフラともいえる宅配サービスですが、これをヤマト運輸が１９７６年に始めたとき、社長（当時）の小倉昌男さん（２００５年に逝去）以外は、役員全員が反対。[4]創業者で、昌男さんの父である小倉康臣氏も反対でした。

個々の家庭という小さな顧客を相手に手間のかかるサービスをして「儲かるわけがない」というのが主な理由でした。これはいたって常識的な捉え方でした。

しかし、当時は個人が荷物を送ろうとすれば、郵便小包または鉄道輸送で最短で3日、4日～1週間かかることも多かった時代。小倉昌男さんにはそこに付け入る隙があると見ていました。

その後の状況はみなさんもご存じのとおり。小倉さんは、宅配便という巨大な新しい市場とサービスを生み出したのです。このイノベーションはどのようにして生まれたのか、小倉昌男さんの発想力、思考力の裏にはどのようなものがあったのか、迫ってみたいと思います。

小倉昌男の思考法

とてもいい本があります。小倉昌男『小倉昌男　経営学』（日経ＢＰ社）は１９９９年に刊行され、現在まで続くロングセラー。実に多くの経営者や経営学者が評価しています。沼上幹『小倉昌男――成長と進化を続けた論理的ストラテジスト』（ＰＨＰ研究所、２０１８年）は、経営学者が小倉さんの経営や思考法を分析したもので、こちらも読みごたえがあります。今回はこの２冊を参考に解説していきます。

小倉さんは自著でこう綴っています。

清水の舞台から飛び降りる気持ちで宅急便を開始したのが昭和51（１９７６）年1月20日。考え抜いた末の決断であったが、不安がないわけではなかった。（小倉１９９９、p.118）

「考え抜いた」とありますが、わたしを含めて常人が想像できる範囲でも、並大抵のことではなかっ

3　「宅急便」はヤマト運輸が商標登録するサービスの固有名詞であり、一般には「宅配便」と表記したほうがよいかもしれませんが、ここではヤマト運輸の宅急便誕生について扱うので、「宅急便」と書きます。ちなみに、映画『魔女の宅急便』はスタジオ・ジブリとヤマト運輸がＣＭでタイアップした作品です。

4　このあたりの経緯は、コンビニ最大手のセブン‐イレブンでの数々のヒット商品・サービスが、周囲の猛反対のなか生まれてきたことにも似ています。拙著『学校をおもしろくする思考法』でも紹介、分析しました。

ただろうと思います。当時のヤマト運輸は長距離路線のトラック運送事業に乗り遅れ、経営危機目前でした。「まったく新しい市場、つまり宅配に活路を求めた宅急便は、いわば、ヤマトにとって起死回生の策だった」（p.21）のです。

小倉さんの頭のなかはどうなっていたのか。沼上教授は「小倉の偉大さは、大まかに分けると3つの側面に分類できる」と分析しています（沼上２０１８、p.245）。第一に戦略的思考。第二に、自律分散的で数万人規模の社員を抱える巨大組織を動かした組織洞察力。第三に、学習・進化能力。以下では、1点目と3点目を参照しつつ、わたしなりに小倉さんの思考法、考え抜いたメカニズムを4点に整理して解説したいと思います。

「サービスが先、利益は後」論理をもとに好循環を描く

小倉さんの思考法の第一の特徴は、論理の積み重ねです。自身もこう書いています。

> 経営者にとって一番必要な条件は、論理的に考える力を持っていることである。なぜなら、経営は論理の積み重ねだからである。（中略）自分の頭で考えないで他人の真似をするのが、経営者として一番危険な人なのである。論理の反対は情緒である。情緒的にものを考える人は経営者には向かない。（小倉１９９９、pp.272-273）

具体的には、宅急便を開始した頃、小倉さんが役員やセールスドライバー（ＳＤ）と呼ばれる社

員たちにしきりに伝えたのは、**「サービスが先、利益は後」「確実に翌日配達する」というメッセージ**でした。

翌日配達などで宅急便がすごく便利で安心できるサービスだと認識されれば、使う人が増えます。使う人が増えると、SDは面積の小さな範囲で集荷・配達等を効率的に行えるようになります（小倉さんの言葉では、密度が濃くなります）。そうすると、しだいに損益分岐点を超えて利益が出るようになります。こうした戦略的思考を小倉さんは重視しました。

冒頭でも紹介したように、当時の郵便小包は、配達まで3、4日はかかり、いつ到着するか分からないというサービス。宅急便の翌日配達は、市民の驚きと感動を呼びました。「あなたの会社はすごいサービスをやっている。メシでも食べていけ」と声をかけられるSDもいたほどです。

民間企業での話です。「利益は後」と簡単に言えるものではありません。宅急便を開始しようというときの役員らが集まる会議の冒頭、小倉さんはこう述べました。

「これからは収支は議題とはしないで、サービスレベルだけを問題にする」。

常識離れした経営のように思えますが、当時はもっとそう映ったことでしょう。小倉さんの真意は次のものでした。

私が唱える「サービスが先、利益は後」という言葉は、利益はいらないと言っているのではない。先に利益のことを考えることをやめ、まず良いサービスを提供することに懸命の努力をすれば、結果として利益は必ずついてくる。それがこの言葉の本意である。

利益のことばかり考えていれば、サービスはほどほどでよいと思うようになり、サービスの差別化などはできない。となると、収入も増えない。よって利益はいつまでたっても出ない。こんな悪循環を招くだけである。（pp.141-142）

つまり、トップの役割としては、何の優先順位が高いのか、方針を明確に示して、誰にとっても分かりやすい言葉で浸透させることにある、というわけです。

翻って、学校運営や教育委員会の政策ではどうでしょうか？

もちろん企業経営、それも業態も異なる宅急便と同じように捉えることはできない部分は多々あります。しかし、4月当初、学校経営計画等を職員会議などで一応説明はするが、その後、参照されることはめったにないし、個々の教育活動等で活かされているわけでもない。やるべきことはたくさんあるが、何を真に優先させるのか、個々の教職員によって判断軸がバラバラである。そんな学校のほうが多いのではないでしょうか？

宅急便のサクセスストーリーは、最重要目標を明確にして浸透させていくことの威力と、あれもこれもと闇雲に進めるのではなく、戦略的に行動していくことの重要性を教えてくれます。

他の役員はみんな反対だった

ヤマト運輸が宅急便という全く新しいサービスを始めようとしたとき、小倉さん以外の役員は全員反対だったことは前述しました。

なぜか。宅急便を始める以前からヤマト運輸が手掛けていたのが、百貨店の商品を個人客に配送するサービスです。戦後の高度経済成長のなかで、お中元・お歳暮を贈る人が増え、ヤマト運輸が百貨店配送業務で取り扱う荷物は増えていきました。しかし、数量が増えるにつれて、利益率は下がり、オイルショック後は赤字に転落してしまいました。

数量が増えているのに、利益は出ない。普通の人であれば、「百貨店からの配送のような個人客に届けるサービスは儲からない」という固定観念で見てしまいがちです。「宅急便も同じようなものだし、集荷はもっと手間がかかるのだから（百貨店の場合は三越など1社からですが、宅急便ではバラバラのさまざまなお宅から）、よけい儲かるわけがない」と役員の方たちは考えたわけです。

こう当時の役員の方たちが考えたのは自然な感じがします。

ですが、小倉さんだけは違いました。お中元・お歳暮需要が伸びて荷物が増えることは一見好ましいことに見えます。しかし、経済成長と同時に、かつては空き地だったところにはビルや工場、マンションなどが建ち、空き倉庫は満杯になっていきました。

こうなると、自前で倉庫を持ち、配送センターをつくるなどしなければならなくなります。また、どの会社も同じ時期の需要にこたえようとアルバイトを雇うので、バイトの賃金も上がっていきます。こうなると、損益分岐点は上がります。百貨店の需要が急増するのは7月と12月で、ほかの月の配送業務は、固定資産などが有効活用されませんから、赤字になってしまいます。これが、荷物は増えるが、利益率は下がった、からくりです。

①カテゴリー適用法
・ある現象をより大きなカテゴリーの一員に位置づけることで説明できると考える思考法。
・分類しただけで、「なぜ」には答えていない。
・例えば、「なぜ、スズメは飛べるのか」と子どもに質問されたとき、「鳥だから」という答えは、カテゴリー適用法だが、理由の説明になっていない。ニワトリ、ペンギンなど飛べない鳥もいる。

②要因列挙法
・ある現象の原因を多数列挙して網羅的に検討する思考法。
・例えば、ある企業がシャンプーで、「他社のほうが利益率が高いのはなぜか」考えるとき、広告をたくさん出しているから、顧客満足が高いから、独自技術があるから、ユニークな商品だからなど、多くの原因を列挙していく。
・重要さに差があるものを並列に扱う問題がある。
・時間的な順序関係あるいは要因間の因果関係を無視してしまうことも問題。

③メカニズム解明法
・さまざまな要因や人々の行為と相互作用に注目し、時間的展開の中でこれらが複雑に絡み合う様子を解明する思考法。

図2－1 戦略思考の3つの種類
出所）沼上（2009）をもとに要約して作成

カテゴリー適用法の罠

沼上教授は、戦略思考には3つの種類があると述べています（『経営戦略の思考法』日本経済新聞出版、2009年）。「カテゴリー適用法」「要因列挙法」「メカニズム解明法」です（図2－1）。

ヤマト運輸を例にとると、「百貨店配送業務のような個人向けのサービスは儲からない」と、当時のほとんどの役員が採った思考法は、「カテゴリー適用法」と言えます。「個人向けサービス」という大きなカテゴリーをおいて、そこに入るものはなんでも儲からない、とみなしているからです。しかし、この発想では本当にそうなのか疑わしいですし、原因を説明しているわけではありません。

メカニズム解明法で好循環を描く

これに対して、なぜ百貨店配送は儲からないのか、繁閑の差があることに注目し、固定費などが上がっていく様子まで思い描いていくのは、メカニズム解明法です。

小倉さんは、宅急便では集荷も配送も各家庭から各家庭なので、確かに手間はかかってコスト高となるが、「荷物を出す需要は年中あるはずだから、百貨店の仕事ほど繁閑の差はない」と見ていました。そして、「サービスは先、利益は後」で進めていくと、そう遠くないうちに損益分岐点を超えるようになる、と見ていました。

翌日配達や1日2便制などを採り入れて、短期的にはコストが上がるような施策を打っても、それで宅急便が便利だと多くの消費者(とりわけ主婦層)に感じてもらうことができれば、荷物の量は増えます。しかも、荷物を受け取った人が今後は送り主の顧客になるケースも増えます。

そうしていくと、密度(一定のエリア内での荷物の量)が増えるので、荷捌き場やトラックなどの固定費あたりの売り上げは増え、利益は上がっていきます。

小倉さんは、こうしたさまざまな要因の関係性を捉え、好循環になる事業を思い描いたわけです。まさに「メカニズム解明法」のお手本とも言える思考です。

さて、こうして解説したのは、学校づくりや教育政策でも、わたしたちはともすれば「カテゴリー適用法」や「要因列挙法」にとどまった発想をしてしまいがちと思うからです。

たとえば、「民間人校長なら、組織マネジメントに長けているはずだ」というのはカテゴリー適用法です。「民間の管理職経験者」というカテゴリーに入れば、だれもがマネジメント上手であるなんて、限りませんよね。その企業でうまくいっていたとは限りませんし、企業でうまくいったとしても、勤務校でうまくいくとは限りません。

また、発達障害など、さまざま特性や個性に応じた学習や指導を行うのは必要でしょうが、過度にそのカテゴリーに囚われると、ステレオタイプの発想となり、その子個人には合わないことが起きかねません。

要因列挙法については詳しい説明を省きましたが、たとえば、「千代田区立麹町中学校で前例にとらわれない改革が進んだのはなぜか」という問いについて、「工藤勇一校長（当時）のリーダーシップ」「財政的に豊かな自治体であること」「私学との競争環境」など、要因を列挙していくことは理解を助けるかもしれませんが、相互の関係性やより重要な要因は何かと考えることが重要です。

2／複眼的思考と学び続ける力

デメリットばかりのものはない

ヤマト運輸の話に戻ります。小倉昌男さんの思考法のすごみとして、2点目は、**複眼（的）思考**です。どういうことか。まず小倉（1999）から引用しましょう。

私はどんなものでもメリットだけのものはない、また逆にデメリットだけのものもない、と考えている。どんなものにも、メリットとデメリットの両面があると思う。（中略）商業貨物の市場は、常時需要がある。特定の荷主と契約すれば安定した収入が得られる。ただし、競争が激しいから、運賃は安い。しかも期日の長い手形で支払われることも覚悟しなければならない。（中略）

一方、個人の生活に基づいて行われる小荷物の宅配は、需要が多くまったく偶発的でつかみづらいから、事業は不安定である。しかもどこへ行くかは、出荷先の家庭に行ってみるまで分からない。（中略）でも悪いことばかりではない。家庭の主婦は運賃を値切らないし、現金で払ってくれる。（pp.70－71）

当時、ヤマト運輸の他の役員の方たちは、個々の家庭を相手にする宅急便は、手間はかかるし、需要は読めないし……とデメリットばかり挙げていたのですが、小倉さんは両面を見ようとしました。このように、物事の多面的な側面を見ようとすることを、「複眼思考（ないし複眼的思考）」と呼ぶとすると、小倉さんはその達人だった、と言えると思います。

他の例もあります。わたしたちは晴れた日は良い日で、雨や雪は悪い日だ、と考えがちですよね。ですが、スキー宅急便は、雪の多い時期に重たいスキー板を運ぶのは大変だという発想から生まれたサービスです。物事、悪い側面ばかりではないのです。

教育政策や学校づくりでも、ともすれば物事の一側面しか見ていないのではないか、と気になることがあります。たとえば、小学校は昨今、段階的に35人以下学級になっています。きめ細かな指導ができることや教員の負担軽減など、いいこと尽くめのように述べる論者は少なくありませんが、本当にそうでしょうか？　不登校傾向の子にとっては、学級の人数が少ないと、むしろ息苦しさを感じやすくなる可能性もあるなど、マイナス影響についても考える必要があると思います。

視点を変えてみる

宅急便の荷物の需要についても、小倉さんは次のように述べています。

> 個人の宅配の需要は、はたして本当に偶発的で散発的なのだろうか。
> この疑問は、ひとつの仮説へと発展した。——人間が生活しその必要から生ずる輸送の

需要は、個々人から見れば偶発的でも、マスとして眺めれば、一定の量の荷物が一定の方向に向かって流れているのではないか。（中略）

もし飛行機に乗って空から眺めたら、毎日たとえば中野区からは一定の量の小荷物が、大阪へ札幌へまた仙台へ流れているに違いない。では、それをどうしてつかまえるか。（中略）

私が思いついたのが、取次店の設置である。（pp.78-79）

取次店というのは、いまでいうコンビニなど（宅急便が生まれた当時は酒屋や米屋なども多かった）です。そこに荷物を持ってきてもらうと、各家庭には割引をし、取次店には手数料を上乗せして払うようにしました。こうすることで、ヤマトにとっては集荷の手間が減りますからＷｉｎ—Ｗｉｎ—Ｗｉｎになったわけです。一見偶発的で散発的な荷物の需要も、取次店になるべく集約することで、常時一定の需要があるものに変わりました。ここでも、飛行機のたとえが用いられていますが、**視点をミクロからマクロに変えてみる**のも、複眼的思考のひとつだと思います。

これは「言うは易し、行うは難し」でしょうが、わたしとしては意識して練習してみたい思考法です。たとえば、現状では、各校で、通勤手当の認定などの事務手続きを進めているところが多いと思います。一定の基準などルールに則って手当を支給するわけですから、各校で処理せずに、県ごとなどでまとめて対応できるようにすれば、効率化できるのではないでしょうか。さらに言うと、都道府県・政令市ごとにルールは少しずつちがうでしょうが、統一してもいい気がします（そうなるとスケールメリットも働き、システム受注などを受けてもらいやすくなると思います）。

あるいは、研究授業や公開授業も全国各地で行われていて、その授業の進め方や学びがどうだったかなど、さまざまな協議が行われています。たとえば、『ごんぎつね』の題材、単元で、どんな指導案があり、どんな協議が行われ、授業者はどんな振り返りをしたのかなど、もっと全国的に共有していけるといいと思います。

提供する側の論理だけで考えない

3点目は、**供給者目線だけで考えない**、ということです。これも複眼的思考のひとつとも言えますが、特出ししておきます。

ヤマト運輸では、宅急便を始めた当初、翌日配達を重要視していながら、未達率の高いエリアがいくつかありました。その理由を小倉さんが聞いてみると、午前中はお客様が留守にしているので、その次の日に渡すことになるケースが多い、との説明でした。小倉さんはこう考えたと、書いています。


ヤマト運輸の社員の方からすれば、せっかく配達に行ったのにお客様が留守で渡せなかったのは、お客様が悪いのだ、と思っている。だが、本当にそうだろうか。お客様の言い分はこんな風ではないか。一日中留守だったわけではない、たまたまおつかいに出ていた間にヤマト運輸が配達に来たのだが、三十分後には帰って来て、その後は一日中家にいた、だから、留守の時に配達に来たヤマト運輸が悪いのだ――。こうなると、両者の言い分がまったく違うのは当然である。

私は思った。サービスを提供する供給者の論理と、サービスを受ける利用者の論理は、正反対の場合が多い。供給者はとかく自分の立場に立って考える、つまり、自分の都合を中心に考えるのである。でも、それは間違ってはいないか。（p.129）

提供する側の論理、都合をついつい優先して考えてしまう。これはだれにとってもやりがちなことではないかと思います（自戒を込めて）。学校でも大丈夫でしょうか？たとえば、宿題を出してもやってこない子がいる。その子の意欲が低いからだとか、家庭でもっと見てほしいと、先生側からすれば思うかもしれません。しかし、実はその先生の授業がその子にとっては合わず、その教科に意欲的に取り組めていないのかもしれません。あるいは、家庭環境がたいへんで、とても勉強できる環境ではないのかもしれません。本当の理由はどこにあるのか、自分都合で見すぎていないか、反省したいですね。

学び続け、自らを更新すること

4点目としてお伝えしたいのは、小倉さんの学び続ける力、姿勢です。

そのことをよく物語るのが、宅急便事業で大成したあと、私財を投じて設立したヤマト福祉財団で、門外漢だった福祉事業に乗り出したことです。時は1995年、70歳からの挑戦でした。

小倉さんは各地の福祉現場の事業者などから謙虚に話を聞いてまわりました。そこで障害者が共同作業所で月額1万円で働いていることを知り、驚愕します。

福祉の現場に経営の感覚、より正確に申し上げれば、きちんと対価をもらって、利潤を出すということを小倉さんは持ち込んだのです。そして、現在も続くスワンベーカリー&カフェで、障害者の就労、自立を進めました。

宅急便と牛丼

「学び続ける力、姿勢」と書いたのは、**さまざまな現場や異なる業界、専門家等から学び、自分の考え方や会社、業界の常識（固定観念）を見直していく、更新していく**ことを指しています。これも「言うは易く、行うは難し」なことですが、小倉さんのこの力は、宅急便誕生のときにも遺憾なく発揮されています。小倉さんの著書から引用しましょう。

私は、良いトラック運送会社とは、どんな荷物でも、大量だろうが少量だろうが、いつでも、どこへでも、安い運賃で運び、荷主に喜ばれる会社になることだと思っていた。その目標に向かってがんばれば、同業を抜いてトップ企業になれる、と信じていたのだった。

商業貨物の市場での競争に負けて、どうして挽回しようかと考えていたわけだが、ふと、かつて読んだこの吉野家の記事（引用者注：牛丼以外のメニューをやめて、牛丼に絞ったことで成功した事）を思い出したのである。

なんでも運べる良いトラック会社になるという方向は、間違っているのではないか。それは抽象的な理屈に過ぎないのではないだろうか。だいたいの話、具体的に考えると、本当にそんな会社になれるのだろうか。それよりも吉野家のように思い切ってメニューを絞り、個人の小荷物しか扱わない会社、むしろ扱えない会社になったほうが良いのではないだろうか。（p.73）

当時は大阪の松下電器などから東京の家電量販店へ荷物を運んでいたわけですが、こうしたBtoB（法人相手、商業貨物）のビジネスには競合もたくさんいました。レッドオーシャン（競争の激しい成熟した市場）だったわけです。

普通の人なら、この競争にどう勝とうかと発想するわけですが、小倉さんは吉野家の牛丼をヒントに、自分たちの仕事を絞り込むことが必要ではないか、と考えます。その結果、商業貨物の事業からは撤退し、宅急便という、個々の家庭を相手にする、ほとんど市場がなかったところに打って出ることにしたのです。わたしたちは宅急便が成功したあとの時代から眺めているので、そう驚かないかもしれませんが、小倉さんの柔軟な思考と決断には脱帽です。

「社員の中には、両方やって何が悪い、宅急便もがんばってやるけれど、従来のせっかく築いた商業貨物の取引先を切る必要はないではないか、と言う者も多かった」と小倉さんは述べています（沼上2018、p.165）。両方ともやることが当時のヤマトの社員や業界人から見れば、常識的な判断だったのでしょう。ですが、それでは翌日配達などの卓越した宅急便サービスの実現に足枷となると、小倉さんは見ていたのだと思います。

経営学者の沼上幹教授は、こう評しています（沼上２０１８、p.375）。

小倉昌男という経営者が偉大なのは、その戦略思考力と組織洞察力とともに、常に学習を積み重ねて経営者として進化を続けたことであるように思われる。

みなさんは、いかがでしょうか。自分の常識や学校の当たり前を時には疑い、他者や現場から学び、自分の考えをアップデートし続けられているでしょうか。

学校教育はなにを身につける場なのか

少し大きな話をすれば、**学校教育はなんのためにあるのか**。いろいろな答えがありそうですが、**「複眼（的）思考と学び続ける力を高めることにある」**とわたしは考えています。

たとえば、歴史や公民を学ぶなかで実感する人もいると思いますが、権力者から見た解釈と、抑圧されたきた側など別の方向から見た場合では、同じ事実であっても、ずいぶんとちがったものになるはずです。あるいは、国語の授業などでも、自分でざっと読んだだけでは分からなかった解釈や視点を学びます。道徳も本来は、なにか一方的な価値観を押し付けるものではなく、「議論する道徳」と言われるように、多面的な見方を大事にします。

また、学校で学んだことで一生やっていけるほど、今の社会は甘くありません。時には学んだことを疑ったり、更新したりすることも必要になります。学び続ける力が大切というわけですが、その実践例のひとつとしても『小倉昌男　経営学』は示唆的です。

全員経営

最後に小倉さんが力を入れた経営手法から、学校関係者にも参考になると思うことをお伝えします。それは「全員経営」という考え方です。著書には次のように書かれています。

> 「全員経営」とは、全社員が同じ経営目的に向かい、同じ目標を持つが、目標を達成するための方策は社員一人ひとりが自分で考えて実行する、つまり社員の自律的な行動に期待するのである。社員に目標は与えるが、会社側はやり方について命令したり指図したりせず、社員がその成果に責任をもって行動する、というものである。
> 　そんなことができるだろうかと、疑問を持つ方もいるかもしれないが、宅急便の場合は、それ以外にやりようがなかったのである。（p.173）

宅急便では、最前線のSDに、社長はおろか、現場の監督者も細かな指示を与え続けられるわけではありません。その場その場で臨機応変に対応していかなくてはならないこともありますし、個々の家庭に訪問するSDの様子を逐一モニタリングするのも困難です。なので、小倉さんが書いているとおり、全員経営以外にやりようがなかったのです。

言い換えれば、**「自律分散型組織」「シェアドリーダーシップ」**[5]ということでしょう。ただし、バラバラというわけではありません。ヤマトの場合は「サービスが先、利益は後」「翌日配達」のように目標や重要な価値判断は共有、浸透させていたことが重要です。

もうお気づきだと思いますが、多くの学校もこの構図は似ています。教育長や校長が教室などの様子を細かなところまで監督しきれませんし、そうするのが望ましいとは言えませんから。

とはいえ、あなたの学校はいかがでしょうか。個業化し、バラバラに動いている要素が強くなっていないでしょうか。養護教諭や学校事務職員など少数職種も含めて、多様なメンバーがアイデアを出し、教育活動や組織運営をよりよくしているでしょうか。

ここでも沼上教授の評を引用しておきます（沼上２０１８、p.200）。

小倉は多くの人々の批判のまなざしを受けながら宅急便をトップダウンで創始した後で、社員一人ひとりが会社を担っていく全員経営のコンセプトのもとで、多様な社員たちのアイデアを総合し、新しいサービスを開発・導入していった。小倉は、トップダウンのイノベーションとボトムアップのイノベーションを両方うまく遂行していった稀な経営者であった。

5　「シェアドリーダーシップ」とは、マネージャーだけが一方的にリーダーシップを発揮していると捉えるのではなく、職場やチームのメンバーが必要な時に必要なリーダーシップを発揮している状態を指す。

III

改革ごっこは要らない

1／「測りすぎ」になっていないか

教育行政と学校は、数値化がお好き？

ここ15年くらいで顕著でしょうか。学校や教育行政は、数値化した目標やＰＤＣＡという考え方が大好きになってきた感があります。

「いや、好きなわけじゃないですよ。やれと言われて仕方なくやっているんです」という声もたくさん聞こえてきそうですが。いずれにせよ、学校の取組や施策の成果や進捗状況を数値化（定量化）することは盛んに行われていますね。

全国学力・学習状況調査では、平均得点率やその順位に毎年注目が集まります。毎年、テストを受ける児童生徒は異なるわけですから、経年変化を見ても、さして意味があるデータには思えないのですが、前の年より得点率や都道府県順位が大きく下がったりすると、大騒ぎになります。

年度末の時期などには、学校評価に向けたアンケート調査が花盛り。教職員向け、児童生徒向け、保護者向けなど。ところが、「学校に来るのが楽しいという児童が95％でした」と喜んでいる校長らを見ると、わたしは、ちょっと違和感がつのります。残りの５％の子はどういう思いなのだろうか、ということ、またその少数派をどうするかのほうにもっとアタマと労力を割く必要があるようにも思うからです。

文科省や教育委員会もタイヘンです。予算を取るには、エビデンスがいるとか、数値で説得せよということがよく言われます。また、○○計画の類いにも、定量的な目標がたくさん並んでいることが多いです。

たとえば、「図書館の貸出冊数が年間3万冊以上」などというのですが、本当にこの目標に意味はあるのでしょうか。貸出冊数が多ければいいというわけでもないし（ベストセラー本をたくさん並べたら目標達成に近くなります）、目標値（この例では3万冊）が妥当なのかが分からないし。

教育には数値化されない効果、意義や、数値化がなじみにくい要素も多い。そんなことは、教育関係者ならみんな知っています。ですが、実際にやっていることとして、**定量的なものを追いまくっている姿**があるわけです。

しかも、それが意味のあることや、コスト（定量化されたものを測ったり評価したりする手間、時間を含む）に見合うものなら、まだいいのですが……。

測りすぎ⁉

こうした疑問を深めてくれるのが、ジェリー・Z・ミュラー著、松本裕訳（2019）『測りすぎ――なぜパフォーマンス評価は失敗するのか？』（みすず書房）です。教育についても触れられていますが、医療やビジネス、行政などでも、定量的な評価、業績評価が組織をダメにしてしまう例をふんだんに紹介してくれています。学校だけの問題ではないのですね。

分かりやすいのが医療、病院。

ニューヨーク州では、冠状動脈バイパス手術の術後（30日後）死亡率をもとに、心臓外科医の成績表を公表しています。患者目線から見ると、有益な情報のように思いますよね？　死亡率の低い医者にかかりたいと思うのは自然な気持ちだと思います。

ところが、この成績表には副作用がありました。外科医が症状の深刻な患者の手術をやりたがらなくなったのです。評価、公表されるデータには、手術を受けた患者のみが対象であり、外科医が手術を拒否した患者は含まれていません。

こういう問題を**「上澄みすくい」**と言います。

また、米国のメディケア（高齢者ならびに障害者向けの公的医療保険制度）では、退院後30日以内に計画外の再入院をした患者数を調べて、病院別の結果を公表しています。再入院率が平均よりも高い病院には、金銭的なペナルティも科しています。入院は医療費がかかりますから、コストカットを促すこと、また、よい治療を提供する動機付けとすることがねらいでした。

ところが、一部にはデータの改ざんが行われました。戻ってきた患者を正式に受け入れるのではなく、「経過観察」とし、入院患者として扱わなかったのです。２００６年から２０１３年の間に、メディケアの対象患者でこのような経過観察の処置を受けた数は96％も増加しました。

加えて、再入院率が高いからとペナルティを受けた病院のなかには、難しい患者を受け入れる傾向がある大手の教育病院が飛び抜けて多い結果となりました。

問題は警察でも

1994年にニューヨーク市警が開発したのが始まりの「コンプスタット（コンピュータ・スタティックス」。これは、GIS（地理情報システム）を使って犯罪件数を地図上に落とし込んで、犯罪パターンを可視化するもので、犯罪が集中しているホットスポットに人員を適切に配備することなどに活用されています。いくつもの大都市で導入されています。

しかし、市長が数字を改善するように警察幹部にプレッシャーをかけ、そのプレッシャーが転じて各管轄の署長に与えられ、署長たちが自分の昇進は犯罪の着実な減少にかかっていると信じるようになると、現場の警察官が受け取るメッセージは、犯罪報告件数が増えると、罰則を受けるかもしれないというものになりました。結果、**数字いじり**が始まるのです。

数字いじりは、コンプスタットにかぎった問題ではありません。FBI（連邦捜査局）の『統一犯罪白書』では、四つの主要な凶悪犯罪（殺人、強姦、過重暴行、強盗）と四つの主要な窃盗罪（押し込み強盗、盗難、自動車盗難、放火）に分類しています。これよりも軽度な犯罪は、指標から除外されています。そうしたなか、現場の警察官が意図的に、案件の分類を軽い犯罪として記録するようになっている、といいます。

加えて、短期志向になることも報告されています。何年もかかる捜査の末に麻薬王を逮捕するよりも、街角でドラッグを売っているティーンエイジャーを1日5人逮捕するほうが、統計的にいい結果を出すことができるというわけです。

どうでしょうか。「測りすぎ」による米国等の医療や警察で起きている弊害は、日本の学校や教育行政にとっても、他人事とは言えず、似たようなことが言えるのではないでしょうか。

学力テストの弊害：上澄みすくい

ミュラー（２０１９）では、米国の学校が落ちこぼれ防止法のもとで、テスト偏重になっていった様子を報告しています。「学校の幅広い目標を犠牲にしてテストそのものに注力しようとするなど、ねじれたインセンティブを生むようになってしまう」のです。

警察等で見られた「上澄みすくい」は学校でも見られます。テキサスとフロリダで学校を調査した結果、学力の低い生徒を「障害者」として再分類し、評価対象から除外して成績の平均を引き上げていることが分かりました。

あるいは、教師が生徒の解答に手を加えたり、点数が低そうな生徒の答案用紙を捨ててしまったりしていることも判明しました。

なんともひどい話ですが、日本の学校、教育行政だって、全国学力・学習状況調査の順位等に振り回されているところは少なくないように思えます。

ここで「米国のような不正がないことを祈っていますが」とわたしは書こうとしたのですが、少し調べてみると、日本でも米国と似たことが起きていることが分かりました（図３−１）。

（那覇市の中学校では）不登校や授業を欠席がちな五人程度の解答用紙を除外して、文部科学省が委託する業者へ送ったというのだ。当日、生徒らは受験したが、学テ終了後の担任らの会議で「普段から指導していないので指導の改善はできない」「平均点を下げる」などの声が上がり、欠席扱いにしたという。だが、これは初めてのことではないらしい。

私（引用者注：新聞記者）　解答用紙は全部送らなくていいんですか？

教諭　欠席扱いにしたらばれないんですよ。前に勤務した学校でも当たり前にやっていましたから。

群馬県の小学校では、情緒学級に通う児童の解答を「全体データに反映させなかった」と女性教諭から証言を得た。テスト前日の話し合いで学年主任が「（児童の解答を含めると）学校平均点に入っちゃうんだよね」と漏らしたひと言で決まった。解答用紙は、女性教諭が保管しており、卒業後、処分するという。

鹿児島県の小学校では、普通学級の低学力の児童二人を別室で受験させ、教諭が付き添って問題文をかみ砕いたり、答えを教えたりした。大分県の小学校では昨年度まで、低学力や欠席がちな児童を保健室などで受験させ、統計に反映させなかったという。

出所）中日新聞 2017 年 2 月 12 日、一部抜粋

図 3－1　中日新聞記事の抜粋

こうした学校が多いのかどうかは分かりませんし、一部の事例を安易に一般化して多くの学校で起きているとは言えません。ただし、不正なのですから、オモテにはなかなか出てこないことでもあります。

もうひとつ、前掲書では米国の学校が「測りすぎ」の病にかかっていることを報告しています。

それは、オバマ政権での「頂点への競争」プログラムの下での話。「付加価値採点法」あるいは「生徒の進捗」と呼ばれていますが、年度の最初と最後にテストを実施して「付加された価値」を算出し（人種や家庭環境といった要因は調整したうえで）、その結果に応じて教師に報酬を与えるというものです。一部の州では、この「付加価値」が教師の評価の半分まで占めるところもあります。

ですが、学術的な研究のなかには、この報酬制度が「生徒の成績、出席率、卒業率を改善するという証拠はなく、生徒や教師の行動を変えるという証拠もない」と結論付けるものもあります。

「測りすぎ」の大き過ぎる副作用

病院、警察、学校、大学、軍など、さまざまな組織における評価の罠、「測りすぎ」の問題があるわけですが、そこから学べること、教訓として、次の点が指摘されています。

- ●測定されるものに労力を割くことで、目標がずれる弊害
- ●短期主義の促進
- ●リスクを取る勇気の阻害、イノベーションの阻害
（失敗等を重ねながら長期的に取り組むことが評価されにくくなるため、リスクを取ろうとしなくなる。また、評価はまだ誰も試みなかったことへの挑戦や実験を妨げる。）
- ●協力と共通の目標の阻害
（個人に対して報酬を与えると、共通の目標への意識や協力が減退する）
- ●時間コストがかかること
- ●規則の滝（数字の改ざんや不正などを止めようとして、組織はたくさんの規則をつくって従わせようとする。）

真に測るべきことを評価できているだろうか、真に重要にしたいことが置き去りになっていないかなどを、わたしたちも振り返る必要があると思います。

2／「改革ごっこ」から卒業を

「改革ごっこ」、「経営ごっこ」

教育行政でも、数値化した目標やＰＤＣＡという考え方が大好きになってきたということを述べましたが、とても興味深い指摘が佐藤郁哉（２０１９）『大学改革の迷走』（ちくま新書）にもありました。

この本では、首相官邸（教育再生会議等）や文科省（中教審を含む）が進めてきた大学改革について、**「改革ごっこ」ないし「経営ごっこ」である**、と痛烈に批判しています。つまり、改革すること自体が目的化していて、その改革がもたらす副作用や問題のために、また改革が必要だと叫ばれてきたこと、ＰＤＣＡやＫＰＩ、ＳＷＯＴなどの民間企業の経営手法のまねごとで、中身の薄いマネジメントを進めようとしていることなどを指摘しています。

言い換えれば、改革しているふりをする、恰好、見栄えだけ整えているというわけですね。耳の痛い話です。佐藤（２０１９）については、のちほど詳しく取り上げます。

似た問題は、大学改革に限らず、あちこちに。

たとえば、学校における働き方改革について。勤務時間（在校等時間）を教委へ報告すること、あるいは時短が目的化していないでしょうか。勤務時間のモニタリングも時短も、教職員の健康確保等のための手段のひとつに過ぎないのに、手段が目的化している。現実には虚偽申告（過少申告）や自宅持ち帰りが増えていて、健康確保からはむしろ遠ざかってしまっている。そんな学校・地域も少なくありません。

学校評価やコミュニティ・スクール（学校運営協議会）も、やることが目的化してしまっていないでしょうか。これでは、負担感、やらされ感が職員室に蔓延するのも当然です。

本質を見る

では、どうしたらよいでしょうか。

少し立ち止まって、本来の趣旨、目的、あるいは本質的に重要なことを見ていくことが重要だと、わたしは思います。

●この仕事（目の前の業務や教育活動等）は、そもそも、なんのためだっけ？

●自分がいま取り組んでいることや注目していることは、本来の趣旨や目的からズレてきてはいないだろうか。

●自分が「正しい」とか「大事だ」と思ってきたことは、本当にそうだろうか。本質的に重要なことと言えるだろうか。

などを問いなおし、疑ってみることです。これもメタ認知のひとつだと思います。

3／失敗の本質：合理性より組織内融和を優先

個人の要因ではなく、組織的な要因に着目する

少し立ち止まって考える、マズかったことからも学ぶという意味で、とても参考になるのは、戸部良一ほか（1991）『失敗の本質――日本軍の組織論的研究』（中央公論新社）です。アジア・太平洋戦争（この本では大東亜戦争という用語を使用）中の日本軍の敗戦の要因、背景を分析したものです。初版は1984年で、40年前のものですが、とても有名なロングセラー本で、政治家や経営者にはこの本を「座右の1冊」とする人も多くいます。

居酒屋談義では、戦時中のあの指揮官が無能だったとか、もともと米国に勝てるわけがなかったなどと言われることもありますが、『失敗の本質』では、日本軍の敗戦の主要因を、リーダーの個人の資質のせいや日本の物的資源の少なさ、あるいは時の運に帰着させた議論をしていません。組織的な問題に注目しています。

大東亜戦争における諸作戦の失敗を、組織としての日本軍の失敗ととらえ直し、これを

現代の組織にとっての教訓、あるいは反面教師として活用することが、本書の最も大きなねらいである。（文庫版p.23）

この本の中で鋭く分析される組織的な問題と教訓が、こんにちのわたしたちの企業や行政組織などにも言えることが多く、それゆえに、長年読み継がれてきている1冊です。

戦略目的は明確に共有されているか

日本軍の失敗の要因として、最初に指摘されているのは、**「あいまいな戦略目的」**です。戦略ないし作戦の明確な目的がなければ、軍隊という大規模組織をバラバラに行動させることになりかねず、それは致命的な欠陥になります。

読者のみなさんにとっては、当たり前のことのように思われるかもしれませんが、この問題を、日本軍はあちこちで起こしています。具体的には、海戦のターニング・ポイントとなったミッドウェーの戦いによく現れています。

ミッドウェー作戦の主眼とするところは、ハワイ奇襲で撃ちもらした米太平洋艦隊の空母群を補捉撃滅することであった。（中略）つまり、この作戦の真のねらいは、ミッドウェーの占領そのものではなく、同島の攻略によって米空母群を誘い出し、これに対し主動的に航空決戦を強要し、一挙に捕捉撃滅しようとすることにあった。ところが、この米空母の誘出撃滅作戦の目的と構想を、山本（引用者注：山本五十六連合艦隊司令長官）は第一機動部隊の南雲に十分に理解・認識させる努力をしなかった。（中略）一方ニミッツ（引用者注：チェスター・ニミッツ米太平洋艦隊司令長官）は、場合によってはミッドウェーの一時的占領を日本軍に許すようなことがあっても、米機動部隊（空母）の保全のほうがより重要であると考えていた。そして、「空母以外のものに攻撃を繰り返すな」と繰り返し注意していたのである。（pp.100－101）

陸戦のターニング・ポイント、ガダルカナルの戦いでも、戦略デザインのなさと現状認識の不足の問題が露呈します。

米軍には、ガダルカナル島攻撃が、日本本土直撃への一里塚であるという基本的デザインがあった。（中略）一方、帝国陸軍の戦争終末観は、主力を中国大陸に置き、重慶攻略作戦によって、米国を中心とする連合軍に対抗して、日本の不敗態勢を確立することであった。したがって、（中略）海軍のソロモン海域への作戦をなんら最重要視するものではなかった。当時、日本軍中枢部にはガダルカナルの名さえ知らぬ者もいた。（中略）しかも、米軍の反攻のあり方については、深く研究もしていなかった。（中略）

一方海軍は、米艦隊主力をソロモン海付近に求めその撃滅を図ったうえで戦争終結への方途を考えようとしていた（中略）。しかしながら、海軍も米軍が陸・海・空統合の水陸両用作戦を開発していたことは、まったく予期しておらず、太平洋諸島の攻防をいかにすべきかについてもほとんど研究をしていなかったのであった。

このような戦略デザインと現状認識しかなかったために、陸・海・空統合作戦がなされなかったのはもちろんのこと、一木支隊、川口支隊、青葉支隊、第二師団、第三八師団という戦力の逐次投入が行われたのである。（pp.135-137）

さて、みなさんの学校や教育行政ではいかがでしょうか。[6] 何を目指すのか、個々の取組の先には何があるのか、いま取り組んでいることはなんのためなのか、そうした目的や目標が十分に共有されている、と胸を張って言えるでしょうか。

わたしが最初に書いた本『変わる学校、変わらない学校』（学事出版、２０１５年）でも、学校組織における、ビジョンや目標のあいまいさを問題視しています。この4月にも、校長は学校経営計画や学校ビジョンを示したはずですが、「教職員はどこを目指しているのか」、「優先度が高いことは何か」などについて、指針になっているでしょうか。

文科省や中教審にも声を大にして言いたい。「学校はあれもこれもがんばれ」といった文書が多過ぎませんか？　「個別最適な学びと協働的な学びを充実させよ」、「不登校も急増していて、丁寧な支援やケアが不可欠だ」、「働き方改革もがんばれ」、「人は増やせないし、欠員（教員不足）状態な場合もあるけどね」というのでは、最前線はとても苦しい状態が続いています。

ろくな補給や援軍も送らず、ただただ精神論を振りかざしている大本営の時代から、進化してい

るでしょうか。

また、戦略や補給計画を立てるうえで基礎となる現状認識を、文科省や教育委員会は、どれほど的確にできているでしょうか。

80年近く前の昔話と侮ってはいけません。いまのわたしたちにも重要な教訓が多く残っているように思います。

空気の支配

戸部ほか（1991）では、戦略目的の曖昧さ、グランドデザインの欠如という問題の次に、**「主観的で『帰納的』な戦略策定――空気の支配」**という問題を分析しています。「帰納的」と括弧書きとなっているのは、「厳密にいうならば、日本軍は事実から法則を析出するという本来の意味での帰納法も持たなかったとさえいうべきかもしれない」（p.283）ためです。

> 日本軍の戦略策定は一定の原理や論理に基づくというよりは、多分に情緒や空気が支配する傾向がなきにしもあらずであった。（中略）インパール作戦を策定したときにも、牟

6　もっとも、学校教育や教育行政で「失敗」とは何か、どう定義するかという問題はあります。戦争や戦闘の話とちがって、一概に「失敗」あるいは「成功」と断定できないからです。本書では、目的に照らしてうまくいかなかったこと、あるいはマイナス影響（副作用）が大きいなど問題のほうが大きかったこと、というくらいの意味で「失敗」という用語を使います。

田口中将の「必勝の信念」に対し、補佐すべき幕僚は、もはや何をいっても無理だというムード（空気）につつまれてしまった。この無謀な作戦を変更ないし中止させるべき上級司令部（ビルマ方面軍、南方軍）も次々に組織内の融和と調和を優先させ、軍事的合理性をこれに従属させた。（pp.283-284）

インパール作戦当時の帝国陸軍では「練りに練った作戦だから」、「たっての希望であるならば、できる範囲で作戦を決行させてもよいではないか」などという理由で作戦の実施が決められていきました。**合理性よりも人情論が押し通っていた**のです。

時間は飛びますが、沖縄戦で戦艦「大和」が護衛の航空部隊も持たずに無謀に特攻したことにも、合理性を無視した決定が見て取れます。軍令部次長の小沢中将は「全般の空気よりして、当時も今日も特攻出撃は当然と思う」と述懐しています。

こうしたエピソードも、アジア・太平洋戦争中の古臭い話だと、わたしたちは他人事のように傍観していられるでしょうか。

論理や合理性よりも人間関係や融和、メンツなどが重視されてしまうことは、こんにちでもしばしば見られるのではないでしょうか。

たとえば、職員会議で**声の大きな先生が発言したところ、しーんとなって、だれも意見を述べなくなる**。「子どものためになることは削れない」などと、根拠や理由を問うよりは、感情で押し切られてしまう。あるいは、別の会議で、それまで何度か話し合って合意形成を図ってきたのに「いや、やっぱり、わたしはこれは違うと思う」といった、意見なのか、印象なのか分からない一言で、議論が振り出しに戻ってしまう。校長が集まった会議や校長会では横並び意識が強くて、異論を述べるのを遠慮してしまう。

空文虚字の作文

戦略の策定、見直しのときには、演繹法か帰納法かという二分論ではなく、両側面重要ではないかと、わたしは考えます。軍事的なことであれ、あるいはこんにちのさまざまな組織の運営、経営であれ。言い換えれば、**抽象（ビジョンやグランドデザイン、理論など）と具体（実際に起きた事象、これから起きる可能性が高いことなど）を行き来する思考**が大事なのではないかと思います。

関連する指摘が『失敗の本質』にもあります。

日本軍のエリートには、概念の創造とその操作ができた者はほとんどいなかった。個々の戦闘における「戦機まさに熟せり」、「決死任務を遂行し、聖旨に添うべし」、「天佑神助」、「神明の加護」、「能否を超越し国運を賭して断行すべし」などの抽象的かつ空文虚字の作文には、それらの言葉を具体的方法にまで詰めるという方法論がまったく見られない。（pp.287－288）

これも、耳の痛い話ですよね……。自戒を込めてですが、「働き方改革」、「DX」、「個別最適な

学び」、「教師の資質・能力の向上」、「校長のリーダーシップ」などと抽象的に述べるだけで、具体に落とし込めていない組織、人は少なくないように思います。お化粧を落とせば、「先生方、がんばってくださいね」と言っているだけの施策や文書もかなりあるように思います。

プランBがない

日本軍が、事実あるいは論理をもとにして戦略、戦術を十分に考えられていなかったことは、既定のプランでうまくいかないときの備えにも表れています。

> インパールで日本軍と戦ったスリム英第十四軍司令官は、「日本軍の欠陥は、作戦計画がかりに誤っていた場合に、これをただちに立て直す心構えがまったくなかったことである」と指摘したといわれる。
> 日本軍の戦略策定が状況変化に適応できなかったのは、組織のなかに論理的な議論ができる制度と風土がなかったことに大きな原因がある。（中略）戦略策定を誤った場合でも、その修正行動は作戦中止・撤退が決定的局面を迎えるまではできなかった。ノモンハン、ガダルカナル、インパールの作戦はその典型的な例であった。（p.289）

この箇所、最近の大学入試改革の混乱にも似たことが言えるかもしれない、という思いでわたしは読みました。記述式を増やしてセンター試験を大きく変革するぞというプランAの威勢は当初はよかったのかもしれません。が、改革の必要性はどこまであったのか、確かな事実認識に立脚したものだったのか、また、改革案のマイナス面や副作用、リスクをどこまで考えたか。そして、**思い描いていたプランAが立ち行かないときの代替案、プランBはどこまで真剣に検討されていたのか。**

各学校ではどうでしょうか。約4年前のコロナ1年目は、学校行事を中止する例が相次ぎました。未知の感染症でしたし、仕方がない部分ももちろんあったと思います。ですが、一部の学校は、従来通り継続するか、中止にするかという、ゼロか百かという選択肢だけでなく、別の方法も探りました。合唱コンクールは感染症対策の観点から難しいけれど、音楽に限らず、生徒が自分の好きなことを表現できるアウトプットデイにしよう、という中学校等もありました。

校長、教員も行政職員も、できない理由を考える、述べるのは得意でも、できるようにする方法を考える、プランB、Cも立案していけるという人材は、どれほどいるでしょうか。

別に、みんながアイデア豊富でクリエイティブな人材である必要はありません。いろいろなアイデアや見方を忌憚なく出して、よりよいものにしていける組織なのかどうかが問われているのだと思います。場の空気を読みすぎて遠慮するのではなく。

失敗から学ぶ組織か、失敗を無視する組織か

以上のことを一言でまとめるなら、組織学習がうまく進んでいるかどうかということです。

アジア・太平洋戦争中の失敗の歴史から学べるのは、**最前線からの気づきやフィードバックを組織全体の戦略、戦術に生かしているか**という点です。日本軍が兵站を軽視していた問題はよく知られていますが、この背景のひとつには、第一線から作戦司令部等への提案、フィードバックがなかったこと、あっても採用されなかったことが、『失敗の本質』でも指摘されています。

学校は、子どもたちの学びに関わる、最前線で最先端な現場です。そこで起きていること、あるいは教職員や児童生徒が考えていることが、どこまで設置者あるいは、都道府県、文科省等に伝わっているでしょうか。

いつも思うのですが、文部科学大臣が視察している学校って、日本全国の平均像的な学校とは言い難く、ごく一部の、先進的に取り組んでいる事例が多いような気がします。もちろん、ある側面では先進的でも、合わない子もいたり、ほかの側面では遅れていたりすることもありますが。

また、大臣ら幹部が視察したとき、文科省に耳の痛いことを学校や教委が話しているのかどうかも気になります。

関連して、『失敗の本質』で分析されている6つの事例（作戦）に共通する問題として、以下の指摘があります。

> およそ日本軍には、失敗の蓄積・伝播を組織的に行なうリーダーシップもシステムも欠

如していたというべきである。ノモンハンでソ連軍に敗北を喫したときは、近代陸戦の性格について学習すべきチャンスであった。ここでは戦車や重砲が決定的な威力を発揮したが、陸軍は装備の近代化を進める代わりに、兵力量の増加に重点を置く方向で対処した。装備の不足を補うのに兵員を増加させ、その精神力の優位性を強調したのである。

（中略）精神論は海軍でも例外ではなかった。ハワイ奇襲作戦で成功したのは日本軍であり、マレー沖海戦で英国の誇る「プリンス・オブ・ウェールズ」と「レパルス」を航空攻撃で撃沈したのも日本軍であった。しかし、二つの敗退から学習したのは、米軍であった。米軍は、それまであった大型戦艦建造計画を中止し、航空母艦と航空機の生産に全力を集中し、しだいに優勢な機動部隊をつくり上げていった。（pp.325–326）

わたしたちは、失敗や当初の計画通りには進まなかったこと、思いもよらない副作用があったことなどから、貪欲に学べているか、どうか。それとも「あれは特殊な事情があった」、「仕方がなかった」としてスルーしていないか。あるいは子どもたちや家庭のせいばかりにしていないでしょうか。

4／教育改革の迷走

内実の乏しい掛け声だけになっていないか？

戸部ほか『失敗の本質』をもとに、わたしたちの実践や組織に参考になりそうな、旧日本軍の失敗の教訓について見てきました。

少し前に取り上げた佐藤郁哉（２０１９）『大学改革の迷走』（筑摩書房）は、「大学版・失敗の本質」とでも言える著作です。大学評価や補助金等を握っている文科省を真正面から批判しているわけですから、佐藤さんは、気骨のある研究者だなと、すごく尊敬します。

この本はタイトルの通り、大学改革、高等教育についてメインに扱ったものですが、初等中等教育や教育行政に携わる読者の多くにも、参考になる内容だと思います。

たとえば、序章には次の一節があります。

それらの文書（引用者注：大学改革に関する文科省の文書や審議会の答申）の多くは、非常に崇高で高慢な理想を掲げているように見えて、実際には、内実に乏しい紋切り型の抽象的な文言（「自ら学び、自ら考える力」、「主体的に変化に対応」等）を並べ立て、あ

るいは「ポンチ絵」などと呼ばれる意味不明の図解を示しているだけに過ぎない。(p.22)

『失敗の本質』の中にも**「空気の支配」**や**「空文虚字の作文」**という問題指摘がありました。

大学改革に限らず、教育行政の文書や中教審答申等の中には**抽象的な文言で、なんとなく分かった気にさせるもの、読む人を煙に巻く**ものがすごく多いように、わたしは観察しています。あるいは各学校の経営計画、ビジョンなどにも似た問題を垣間見ることができます。

一例として、中教審「次期教育振興基本計画について(答申)」(2023年3月8日)を読んでみましょう。教職員の中には教育振興基本計画など気にしたことがない、読んだこともないという方も少なくないかもしれませんが、国の教育政策の最も根幹となる計画です。この答申では、次期教育振興基本計画策定にあたって、重要視するべき現状や環境変化として、次のものを挙げています(一部抜粋)。

・危機に対応する強靭さ(レジリエンス)を備えた社会をいかに構築していくかという観点はこれからの重要な課題である。
・デジタルトランスフォーメーション(DX)の進展は社会により良い変化をもたらす可能性のある変革として注目されている。
・第6期科学技術・イノベーション基本計画において、持続可能性と強靭性を備え、国民の安全と安心を確保するとともに、一人一人が多様な幸せを実現できる、人間中心の社

会としての「Society5.0（超スマート社会）」が示されている。

レジリエンス、DX、Society5.0など横文字が並びます。これだけでアレルギー反応を起こしてしまう人もいそうですが、もっと問題なのは、これらのキーコンセプトの中身の説明がほとんどないことです。いちいち説明している紙幅がないという事情もあるかもしれませんが、注釈すらありません。レジリエンスくらいなら、まだよいかもしれませんが。

もう少しさかのぼると、「Society5.0」は第5期科学技術基本計画（2016年1月22日）にも登場します。「Society5.0」とは「ICTを最大限に活用し、サイバー空間とフィジカル空間（現実世界）とを融合させた取組により、人々に豊かさをもたらす『超スマート社会』」を指すとされています（p.11）。これで中身がよく分かる、説明できる人はいるのでしょうか?

あるいは、「①狩猟社会、②農耕社会、③工業社会、④情報社会に続く、人類史上5番目の新しい社会」などとも説明されますが、「新しい社会」と述べるだけでは説明になっていませんよね。

ある経営学者は、「『Society5.0』は『目指せ、甲子園』と同じだ」と講演で言っていました。つまり、単に「がんばろう」と呼び掛けているだけで、中身は薄いという意味です。

分かりきっていることを難解な用語で煙に巻く

リチャード・P・ルメルト（2012）『良い戦略、悪い戦略』（日本経済新聞出版）でも似た指摘があります。著者は大小、営利・非営利さまざまな団体のコンサルティングを手掛け、戦略の大家と呼ばれるＵＣＬＡ教授。ルメルトは、「悪い戦略」のひとつとして、「空疎である」と述べています。

空疎な戦略とは、分かりきっていることをふんだんな専門用語や業界用語で煙に巻くような戦略を意味する。そのような戦略は、専門知識や戦略思考や高度な分析の末に練り上げられたような顔をしているが、実際にはまったくちがう。具体例で説明するほうが話が早いので、ここではある大手リテール銀行の戦略を紹介したい。それは、「われわれの基本戦略は、顧客中心の仲介サービスを提供することである」というものである。「仲介サービス」というのはなかなか響きの良い言葉だが、要はお金を預かって貸し出すということで、銀行の本業にほかならない。「顧客中心」は…（中略）どこでもやっていることで、これだけで差異化が図れるとは思えない。要するに、「顧客中心の仲介サービス」はまったく中身のない言葉である。この銀行の戦略から厚化粧をはがせば、「われわれの基本戦略は銀行であることである」となってしまう。（p.56）

学校や教育政策でも、**「お化粧を厚く塗っているだけ」**のものはないでしょうか？

小道具偏重主義

話を佐藤（２０１９）『大学改革の迷走』に戻しましょう。この本で特に印象に残った指摘を、引用します。

シラバスや授業評価などといった教育実践上の小道具は、全体的なカリキュラム編成や学位規定などとの整合性を欠いている場合には何の意味もありません。さらに、それらの教育編成の重要な条件となる教員一人あたりの学生数、そしてまた、その全体となる大学の財務、さらにその前提となる大学教育に対する国庫補助という構造的問題があります。（中略）これらの点に関する抜本的な改革が非常に困難であるからこそ、中教審や文科省はそれらの問題を置き去りにした上で、もっぱら目に見えやすい形での小手先の「小道具」の整備を大学に対して促してきたのだとも言えます。

しかし、このような「小道具偏重主義」とでも呼ぶべき風潮は、ともすれば改革の自己目的化に結びつきかねません。

（中略）日本では往々にして「大学改革で何か（国際化、イノベーション、学生たちの人間としての成長等）を実現する」というよりは、「大学改革を実現する」ないし「改革をおこなっているという体裁を整える」ことそれ自体が目的になってしまっているのです。（pp.85−86）

この箇所も、大学改革に限らず、初等中等教育にも言えることがたくさんあるのではないでしょうか。

たとえば、働き方改革について、教職員定数の大幅な増などの根本策は置き去りにしたままで、在校等時間を把握、モニタリングすることが強調されがちです。教職員の健康管理のためには、勤務実態のモニタリングは基本中の基本ではありますが、「小道具」のひとつと言えるかもしれません。そして、いつの間にか、在校等時間を教育委員会に報告すること、あるいは教育委員会が定めた目標値を上回らないようにするという手段が自己目的化してしまっている自治体、学校も少なくありません。

ＰＤＣＡを金科玉条にすることの弊害

佐藤郁哉（２０１９）の第2章ではＰＤＣＡについて取り上げていて、サブタイトルが**「和製マネジメント・サイクルの幻想」**となっています。

みなさんにとって、「ＰＤＣＡ」ないし「ＰＤＣＡサイクル」という用語は、おなじみですよね。文科省・中教審や教育委員会の計画などでは頻出です。たとえば、中教審「次期教育振興基本計画について（答申）」（令和5年3月8日）にも次の記述があります。

> 「目標の達成状況を客観的に点検し、その結果を対外的にも明らかにするとともに、その後の施策へ反映していくことで実効性のあるＰＤＣＡサイクルを確立し、十分に機能させる必要がある」（p.28）

	誤解	事実
1	英語表現である。	和製英語である。 （Plan, Do, Checkが動詞なのにActionだけが名詞なのはおかしい）
2	最初の提唱者は米国の統計学者E.デミングである。	最初の提唱者は日本の工学者である。 （1960年代に石川馨と水野滋を中心とする工学者たちが提唱）
3	経営学の学術用語である。	生産管理や品質管理で使われてきた経営用語である。
4	国際的に広い分野で高い評価を受けてきた。	限定された分野で一定の評価を受けてきた。 （認証規格や工業製品の品質管理など、一部の分野に限られる）
5	広い適用範囲を持つ万能のマネジメント・サイクルである。	特定の業務については有効である。 （業務の単純性、目標の明快さ、環境の安定性など、さまざまな限定条件の下で有効）

図３－２ PDCAサイクルをめぐる５つの神話

出所）佐藤郁哉（2019）『大学改革の迷走』筑摩書房pp.92-96を参考に作成

もう決まり文句となっている印象すら受けます。

ですが、学校では食傷気味。PDCAという掛け声は言われるが、うまくいっている実感は持てない、という声が少なくないように思います。

つまり、文科省、教育委員会などはPDCAという言葉を使うことは大好きなのですが、学校現場はPDCA嫌い。ホンネでは、文科省や教育委員会もPDCAがうまくいっている実感は乏しいのでは？

佐藤『大学改革の迷走』では、PDCAサイクルには誤解が多いことを明らかにしています。ポイントを図3-2「5つの神話」にまとめました。

こうした「神話」は、けっこう広がっているのではないでしょうか。

佐藤は「PDCAサイクルという用語をキャッチフレーズあるいは不思議な効力を持つ一種のおまじないとして利用してきた」（p.124）、「単に常識的な心得をアルファベット（ローマ字）で言い換えたものに過ぎません」（p.125）と、手厳しいです。

当然ですが、それらの図解（引用者注：ＰＤＣＡサイクルが円環状になっており、スパイラルアップしている様子）の多くは、実際に「計画・実行・評価・改善」というサイクルを何度か「回した」上で最終的に得られた成果ないし実績を図解したものではありません。（中略）図解版のＰＤＣＡは「ＰＤＣＡサイクルという名のＰ」に過ぎないのです。それでも（中略）素晴らしい成果が期待できるように思えてくるから、実に不思議です。（p.128）

「おまじない」というのは言い得て妙です。確かに、何かを計画してやってみて、反省して、改善するというのは、当たり前と言えば当たり前のことですよね。まあ、その当たり前が難しいので、わたしも含めて多くの人は苦労しているわけですが。

言い換えれば、単に行政文書や○○計画などに「ＰＤＣＡサイクルを確立する」とだけ書いても、「がんばるぞ（もしくは、がんばってね）」という掛け声だけで、ほとんど実効性はない、ということです。

ＰＤＣＡの副作用

民間では、かなり以前からＰＤＣＡの限界や問題点について指摘する声はありました。

そのひとつが数多くのリゾートホテルや温泉旅館を手がける星野リゾートです。星野佳路社長は、計画にとらわれすぎることを、次の3点で警告しています。[7]

---

a）計画に示した目標や予算に囚われて、本来検討するべきことがないがしろにされてしまう危険性。

b）計画にないからやらないと発想してしまう危険性。

c）計画通りに進むことをよしとする考え方。市場や競合の動き、自分たちの立場などを考え、それぞれの局面で判断していく必要がある。


みなさんの学校ではいかがでしょうか？

a）は、特に高校では当てはまるところも多いでしょう。学校経営計画などで大学進学実績などの数値目標を掲げることを義務付ける自治体もありますし、保護者もごく一部のデータに注目しがちです。

そうしたことは必ずしも悪いことばかりではありませんが、本来、その高校等の教育を通じて達成していく目標が矮小化される危険性が高いです。また、進路実績などは、企業で言うと売上げや利益といった結果目標と同じです。ヤマト運輸の宅急便誕生のときの話、「サービスが先、利益は後」を思い出してください。結果はあとで付いてくる場合もあるのに、結果にばかりに目が向いて、そこに至るプロセスが確認・管理できていない、という問題が起きがちです。

b）は学校ではあまり問題として聞きません。学校ではむしろ幅広く、網羅的に取り組もうとする傾向が強いため、b）の問題は起こりにくいのだと思います。ただし、「計画に書いていないことは全然大切じゃないということ」と誤解されないように留意する必要はあります。

c）について、学校では、生徒指導や授業では、子どもの様子に応じて臨機応変さが求められますから、計画にはそう囚われてはいません。むしろ計画やビジョンが無視されている問題のほうが大きいのでは、とわたしは考えています。

しかしながら、学校行事などでは、前例踏襲と言いますか、以前計画したことを見直すことなく、こなそうとしている学校もあるのではないかと思います。たとえば、修学旅行を抜本的に見直そうという議論は、職員室では起きにくいのではないでしょうか。

また、教育行政の問題として、**いったん計画したことや行政文書に書いたことが妄信され、問題点や副作用（マイナス影響）があまり考慮されることなく、続いてしまう**ことがあります。まさに「PDCAと書いておけばなんとなくOK」というようなこともそうですが。たとえば、いま高校では「観点別評価の業務が大変な手間だ」という声をよく聞きますが、小中学校ではずっと前からやっていました。しかし、文科省や中教審等で小中学校での問題や副作用がどこまで真剣に検討されたのかは、ギモンです。

7　星野佳路（2015）「数値で管理すべきは結果よりプロセスである」、ダイヤモンド　ハーバードビジネスレビュー2015年2月号皮肉なことですが、ＰＤＣＡを声高に主張している文科省や教育委員会がきちんと反省、改善できていない、ということは多々あると思います。

ほかにもＰＤＣＡに伴う副作用はあります。**計画に書いたのに成果を上げられないのは、計画立案者のせいではなく、実行部隊の現場のせいだ、としてしまう**リーダーや権力者もいることです。たとえば、中高生の英語力が国の教育振興基本計画の目標水準に届いていないというニュースを少し前に見ました。ともすれば、これは各学校での授業や生徒支援、あるいは教育委員会の施策に問題があるからだ、とされる可能性があります。文科省の目標の妥当性があったのかとか、国の政策の問題はなかったのかといったことは棚上げにされたままで。

わたしはＰＤＣＡサイクルを全否定したいわけではありません。佐藤前掲書も述べるように、至極まっとうなことを言っているだけ、と捉えたほうがよいこと、ＰＤＣＡを書いただけで安心してはいけないこと、副作用に注意することを申し上げたいのです。

Ⅳ

ラクして何が悪い？

1 「仕事ごっこ」をやめて、「自分の時間」を増やそう

それって「仕事ごっこ」では？

「紙の原本を送ってください」「添付ファイルのパスワードは別メールで送ります」「ここ、押印がないので再送してください」などなど……。

沢渡あまね（2019）『仕事ごっこ――その〝あたりまえ〟、いまどき必要ですか？』（技術評論社）では、こうした慣習を「仕事ごっこ」と呼んで、皮肉たっぷりに問題提起しています。

「仕事ごっこ」とは、生産性やモチベーションの足を引っ張る仕事や慣習、あるいはコラボレーション（協働）を阻害する、仕事のための仕事のことを指します。

所詮は、「ごっこ」。仕事をしたふりをしているだけのものは、あなたの周りにもないでしょうか。

たとえば、わたしの場合、教育委員会や校長会等から依頼を受けて研修講師をすることが多いですが、メールで承諾の返事をしているのに、別途承諾書（それも押印付き）を郵送せよ、という連絡をもらうこともありますし、振込先情報としてわざわざ通帳の表紙コピーの提出を要求されるこ

ともあります。

「この人たち、ほんとお役所仕事しているなあ」と思うこともありますが（本人のせいというよりは、組織のルールのせいであることは承知しておりますが）、ある有名企業、それも他社の業務改善などを支援している会社からも、請求書をPDFでメール送信したところ、原本も郵送してくれと言われました（苦笑）。企業も〝お役所的〟なところはたくさんあります。

公務の場合はある程度は仕方ないところもあるとは思いますが、相見積もりなども悩ましいです。純粋に価格競争ならいいのですが、どこか意中のところがあって、付き合いで見積もりをもらうようなことはありませんか？　見積もりひとつをとっても、作る側にとってはかなり手間、時間コスト（人件費）はかかります。

自分の時間を生きていますか？

また、学校や教育委員会の方のなかには、メール等で済むのに電話をかけてくるのが好きな人もかなり多い印象があります。「あれは迷惑だからなるべく研究室にいないようにしている」と言う知人の大学教員もいます。

電話好きな方は、相手の時間と集中力を奪っているという意識が低いのではないでしょうか。たまにメールで「本来、お会いして（あるいはお電話で）ご挨拶するところ、すみません」と書いてくださる方がいますが、むげに相手の時間を奪うほうがよほど失礼だと思います。

もちろん、直接会って、相談したほうが豊富なアイデアが出るといったこともありますので、〝時〟

と〝場合〟によりますが。

教育委員会と学校とのやりとりも電話で問い合わせたりすることが多いですよね？　たとえば、ひとつの教育委員会に30校あって、教委からのメールの内容で分かりづらいところがあるので、教頭が電話で確認するわけです。1対1のコミュニケーションですね。ほかの29校も同じように分からない人がいるかもしれないのに。

ホリエモンこと、堀江貴文さんは、電話に出ないことで有名です。まあ、ちょっと極端かなとは思う部分もありますが、堀江さんの言うことには納得がいく点もあります。一部を引用しましょう[8]。

> 限られた時間しかない人生。いつも多動でいるためにいちばん大事なこと。それは、1日の時間の中から「ワクワクしない時間」を減らしていくことだ。（中略）
> 「自分の時間」を奪う最たるもの。それは「電話」だ。僕は「電話に出ないキャラ」を確立している。（中略）電話は多動力をジャマする最悪のツールであり、百害あって一利ない。仕事をしているときに電話を鳴らされると、そのせいで仕事は強制的に中断され、リズムが崩れてしまう。（中略）
> 他人の目を気にしすぎて、「自分の時間」を生きていない人が多い。限りある人生、「自分の時間」を無条件で譲り渡すようなことをしてはいけない。多くのビジネスパーソンは、

上司や先輩の怒りを買わないように無意味なルールに縛られ、「他人の時間」を生きている。

「時間の時間を無下に差し出すな」ということは大事だと思います。わたしのごく限られた経験での話ではありますが、仕事や社会的な活動で精力的にアウトプットしている人は、「自分の時間」を大事にしているように思います。

「他人の時間」からでは、湧き出るものは生まれづらいでしょうし、自分の時間を充実させないと、アウトプットしていても、早晩、枯れてしまうからです。

みなさんは、いかがでしょうか。「自分の時間」、取れていますか?

資料裁判、会議裁判

「仕事ごっこ」とはムダの多い作業（仕事と呼べるものではないかもしれません）、あるいは、作業が丁寧すぎて負担のほうが重くなっている慣習などです。以前なら、一定の合理性や意義があったかもしれませんが、今日的な意義には乏しいものです。

沢渡（2019）によると、添付ファイルをzip化してパスワード別送というのは、セキュリティ対策としても脆弱なようです。これでは、何のために面倒な工程を増やしているのか、分かったものではありませんね。

8　堀江貴文「電話してくる人とは仕事するな」東洋経済オンライン、2017年6月5日みなさんの周りのルールや手続き、作業が「仕事ごっこ」になっていないか、本当にメリットはあるか、あるいはコスト（お金、手間、時間）のほうが大きくないかなどは、総点検したいですね。前掲書でも「資料裁判」「会議裁判」と言って、その資料作成や会議が必要かどうか、別手段のほうがよいのではないか等を裁判のごとく見直して、決断する例が挙がっています。ＧＥ（ゼネラル・エレクトリック）という巨大企業が「ワークアウト」という取組をしていた事例にも似た話があります。

今度、研修等で「仕事ごっこ」撲滅運動をやってみようかなとも思っています。

2／エッセンシャル思考：「どれも大事」ではなく「大事なものはめったにない」

仕事を「こなす」ラットレースな日々で満足？

読者のなかには、毎日忙しくされている方がとても多いと思います。「明日の授業準備どうしよう」「これから部活に行かなくちゃ」「明日はこの会議に出ないといけない、あまり気が進まないけど」「あっ、今日締め切りの書類があった」など。校長も、教員も、行政職員等も、実にさまざまな仕事を処理していますね。

それで、ついつい「あれもこれも大事」「子どもたちのためにやらざるを得ない」という考えになったり、「やり方を見直すことすら、時間が惜しい」という発想になったりします。目の前のことをとにかく「こなす」という感じになりがちではないでしょうか。

こうした多忙な日々は「ラットレース」のよう。ネズミが回転車の中で走り続けているのだけれど、いつまでも前に進めない、そういう状況に似ています（次ページイラスト）。

学校に期待されている役割が広範かつ複雑化しているので、仕方なくそういう事態になるときもありますが、目の前の仕事を「こなす」ばかりでは、弊害もあります。

ChatGPTに描いてもらいました

次ページの図4-1は、かなり単純化してはいますが、左は仕事を「こなす」ばかりの日々のパターンです。やっつけ仕事になっては、いい成果がなかなか出ませんよね。そうなると、結局中途半端な仕事になったりして、自分のモチベーションやスキルは高まりません。また、顧客や周り（学校の場合は、児童生徒や上司、同僚など）との信頼関係や協力関係もよい方向に向かわないことのほうが多いのではないでしょうか。

そんな状態では、仕事はスピードアップしませんし、周りとの関係上断りづらくなりますから、またたくさんの仕事を抱えて、目の前のことをともかくこなすことになりがちです。悪循環ですね。

図の右は、本当に大切な仕事を選んで集中して取り組むサイクルを書いています。左側とかなり対照的な状況になるのではないでしょうか。

みなさんの実感にもフィットするといいのですが、この図は、わたし自身の反省を込めて書きました。数年前まではまさに図の左側の人間だったからです。

前職のシンクタンク（コンサルティング会社）で働いていた頃は、メール受信が1日に約100

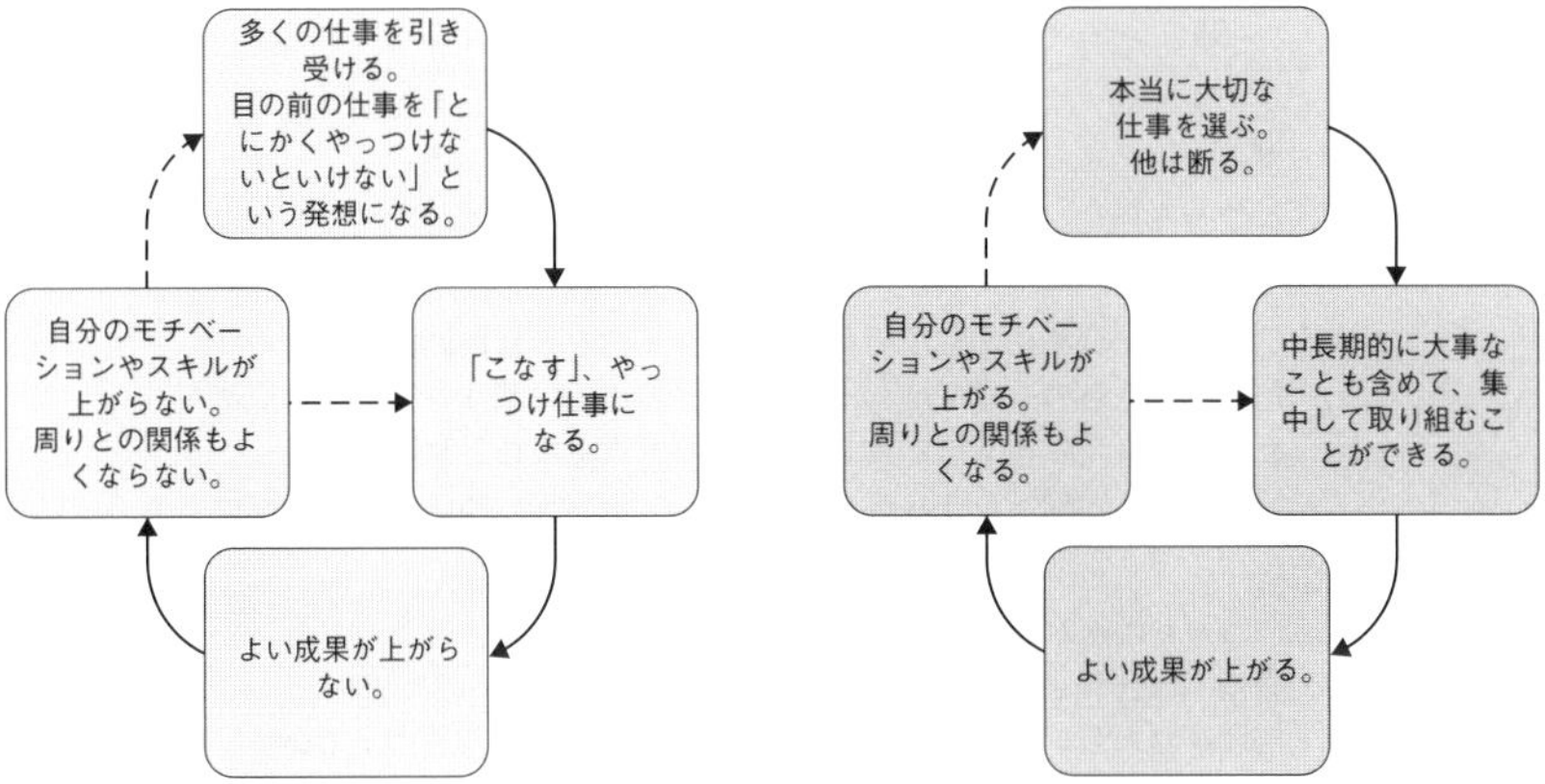

図４－１　仕事を「こなす」状態と「集中して取り組む」状態との比較
筆者作成

通もあり、同時並行でたくさんのプロジェクトを抱えていて、慌ただしい日々でした。一生懸命やっていたつもりですが、集中できず、どこか中途半端になってしまうところもあり、充足感が低いときもありました。でも、年々売り上げ目標は上がっていきますから、ほんと、走ってはいるものの、いつまでも前に進まない感じでした。

　自分があまり納得していない仕事では、お客様にとってもいいものになるわけがありませんよね。

エッセンシャル思考

　そんな妹尾にとって、大きく働き方を、もっと言えば、生き方を見つめ直すきっかけを与えてくれた本が、グレッグ・マキューン著、高橋璃子訳（２０１４）『エッセンシャル思考――最少の時間で成果を最大にする』（かんき出版）です。ちなみに、この本を読んだ約１年半後、わたしは脱サラすることにしました。[9]

「エッセンシャル思考」とは、本当に大切なことを選

	非エッセンシャル思考	エッセンシャル思考
考え方	みんな・すべて ・やらなくては ・どれも大事だ ・全部こなす方法は？	より少なく、しかしより良く ・これをやろう ・大事なことは少ない ・何を捨てるべきか？
行　動	やることをでたらめに増やす ・差し迫ったものからやる ・反射的に「やります」と言う ・期限が迫ると根性でがんばる	やることを計画的に減らす ・本当に重要なことを見定める ・大事なこと以外は断る ・あらかじめ障害を取り除いておく
結　果	無力感 ・何もかも中途半端 ・振りまわされている ・何かがおかしい ・疲れきっている	充実感 ・質の高い仕事ができる ・コントロールしている ・正しいことをやっている ・毎日を楽しんでいる

図４－２　非エッセンシャル思考とエッセンシャル思考
出典）グレッグ・マキューン（2014）『エッセンシャル思考』

択して、より少ないことをよりよくしていく思考法です。

この本の冒頭にはこんな一節があります。


エッセンシャル思考になるためには、３つの思い込みを克服しなくてはならない。「やらなくては」「どれも大事」「全部できる」――この３つのセリフが、まるで伝説の妖女のように、人を非エッセンシャル思考の罠へと巧みに誘う。（中略）

エッセンシャル思考を身につけるためには、これら３つの嘘を捨て、３つの事実に置き換えなくてはならない。


「やらなくては」ではなく「やると決める」。

「どれも大事」ではなく「大事なものはめったにない」。

「全部できる」ではなく「何でもできるが、全部はやらない」。（pp.14-15）

図4-2は、エッセンシャル思考とそこからほど遠い思考（非エッセンシャル思考）を対比したものです。図4-1は図4-2を参考にしながら、作りました。

なかなかそうはいかないが

「そりゃ、大切な仕事を選べて、集中できたらいいのは分かりますよ。でも、なかなかそうはいかないですよ」。「仕事が選べる人なんて、ごくわずかな人たちだけです。強者の理屈を押しつけないでほしい」。そんな読者の声が聞こえてきそうです。確かに、学校や行政組織は、民間企業や個人事業などと違いますから、なかなか選択と集中というふうにはいかないことも多いです。

しかし、仕事を2つに分類して考えてみましょう。

ひとつは他律的な業務。つまり、自分でやる、やらないを決められない仕事。たとえば、保護者からクレームの電話がかかってきたとき、ある程度時間をかけて丁寧に聞き取っていく必要はあります。容易にカットするわけにはいきません（といっても1時間も2時間も聞き続けるのはどうかと思いますし、教職員を守る仕組みがもっと必要だとは思います）。また、自分の担当業務としてこの書類はいついつまでに出さないといけないということが決まっている。これも勝手にカットで

9 念のために申し添えますが、サラリーマンや公務員などのように雇われる働き方だと、仕事をこなす日々でおもしろくない、と申し上げたいのではありません。確かに独立したほうが、どんな仕事をするのか選択できる余地、自由度は大きくなりますが、生活を支えるために仕事を無下に断れず、オーバーフローするケースもあります。雇われ側であっても、ある程度「エッセンシャル思考」は実践できると思います。

きません。

もうひとつは、**自律的な業務**です。ある程度自分に裁量がある仕事です。たとえば、宿題の丸付けをするかどうか、そもそもどのくらいの宿題や課題を出すかなどは、各先生の裁量です。文科省や校長等も細かく指定しません。また、部活動でどのくらい練習して、休養日を設けるかなどは、かなり顧問の先生の裁量です（ガイドラインを守ったり、生徒の意見を聴いたりすることも大事ですが）。別の例では、事務仕事であっても、どこまで資料が必要かは明確に決まっておらず、担当者にかなり任されているというものもあります。

自律的な業務は、関係者と交渉して合意形成しつつという部分もあるでしょうが、一部はやめたり、断ったり、あるいは大幅に進め方を変えたりすることが可能です。

一方、他律的な業務を変えるのは簡単ではなく、引き受けざるを得ないときも多々あります。ですが、他律的と思われていたことも、教育委員会などと協働することで、一部は大きく見直すことが可能ですし（手続きや書類をやめるなど）、また分担を見直すことも可能です。

ともかく忙しい日々、目の前のことをこなすことで精一杯という状態は、またたとえが意地悪かもしれませんが、溺れてしまっているような状態。ですから、そんな状態では、「仕事を見直せるわけがない」と思ってしまうのも理解できますし、本当に学校の多忙が異常なほど大変なのは、わたしも承知しています。ですが、一度、陸に上がりましょう。少し立ち止まって、非エッセンシャル思考な日々を変えていける余地は本当にないのだろうか、と考えていくことも必要ではないでしょうか。

「子どものため」にあれこれやる、非エッセンシャル思考

「エッセンシャル思考」に近い話を、わたしの研修会では、温泉旅行にたとえてお話しします（遊び心で〝温泉理論〟と呼んでいますが、だいそれた理論ではありません）。

みなさんが今日温泉地に旅行に来たとしましょう。あと半日自由時間があります。目の前には魅力的な温泉がたくさん。松の湯は肩こりに効きます。竹の湯は疲労回復効果が抜群です。梅の湯は美容によくて、スベスベのお肌に。などとそれぞれに素晴らしい効用があるとしても、1日に4つも5つも温泉につかったらどうなりますか？のぼせてしまいますよね。効果、効用だけを見て意思決定するのは、危険です。

これと同じで、教育活動についても、たとえば、Aという学校行事は生徒にこんな意義がある、Bという別の行事は運動が苦手な子も活躍できる貴重な機会だ、Cという行事は、思い出づくりになるなど、効果ばかりを見て、選択できないでいる学校、教育関係者はかなりいるのではないでしょうか。

ChatGPTに描いてもらいました

効果や意義ばかり見ずに、負担や時間のことも考えなければいけません。

こんな基本的なことは、旅行をするときなら当たり前に実践できています。ですが、なぜか、学校現場や教育行政では、「子どもたちのために」という思いや声で、負担や時間を考慮する重要性がかき消されてしまうのです。

先ほどは学校行事を例にしましたが、カリキュラムも同様です。この頃の学習指導要領ではどんどん内容が増え、高度化しています。その上、補習や7時間目までやっている高校等も少なくありません。「大学入試対策に必要だ」といった効果や「この地域には塾は少ないし、他校もやっている」と必要性ばかりを強調する論調が幅を利かせており、生徒の負担を考慮したり、生徒の自由時間、生活時間（睡眠時間なども含めて）を大切にしたりする考えはとても弱いように見えます。

世の中の多くはトレードオフ

マキューン（２０１４）では、エッセンシャル思考の基本として、以下の点を強調しています。

①選択（時間とエネルギーの使い道を選ぶ）
②ノイズ（世の中の大半のものはノイズであり、本当に重要なものはほとんどない）
③トレードオフ（すべてを手に入れることはできない）

そうとう思い切った考え方だとは思いますが、経済学をかじったことがある人なら、しっくりくると思います。経済学でも、資源は有限であり、トレードオフということを重視するからです。トレードオフとは、何かを得れば、何かは失う、犠牲になるということです。あちらを立てれば、こちらは立たずということですね。

たとえば、わたしはいま、この原稿をかなり一生懸命書いていますが（感想等お待ちしております！）、そのぶん、ほかのことをする時間は犠牲になっています。遊ぶ時間、もっと儲かることに費やす時間など（笑）。先ほどの温泉理論のベースになっているのも、子どものためと言って、あれもこれもという発想になると、犠牲になるものもある、というトレードオフの考え方です。

この本で紹介されているのは、航空会社の事例です。

ビジネス書ではグッドプラクティスとしておなじみですが、サウスウエスト航空はなぜ成功したのか。大手航空会社がハブ空港を拠点に路線を拡大する中で、サウスウエスト航空はあえて2都市間をつなぐ「ポイント・トゥ・ポイント」路線にこだわりました。選択と集中を徹底して、コストを下げたわけです。

しかも、機内食、座席指定を廃止して、格安航空券を販売します。これが多くの顧客の支持を集めて、同社の業績は上がりました。

一方、コンチネンタル航空は、このサウスウエスト航空をまねて、ポイント・トゥ・ポイント型の「コンチネンタル・ライト」というサービスを開始しました。機内食や手厚いサービスも廃止しました。

ところが、この施策を従来の通常路線と並行して行ったため、コストダウンできず、サービスの質がずるずると低下。業績も悪化してしまいました。

コンチネンタル航空は、トレードオフを理解できていなかったのです。

サウスウエスト航空に近い日本国内の事例は、スーパーホテルだと思います。出張の多いビジネスパーソンに人気のホテルチェーンです。スーパーホテルは、ぐっすり眠れることにこだわった客室、天然温泉などを完備。そのぶん、おしゃれで凝った内装やアメニティ、夜間のフロント業務などはカットして、多くの会社の経費内の価格で泊まれるようにしています。男性ビジネス客が重視するポイントをよく押さえて、「選択と集中」をしている事例だと思います。わたしも何度も利用しています。


みなさんの日常はいかがでしょうか。明日までにこの仕事をやらなくちゃ。あっ、この書類も作らないと。ＴｏＤｏリストを作っても、いつまでも消えない（どんどん追加されていく）。そんな日々の人もいることでしょう。

ここで犠牲になりがちなのは、考える時間であったり、本質的に重要なことに費やす時間であったり、自己研鑽です。教員にとっても、行政職員等にとっても、仕事に追われることの代償は大きなものがあるように思います。

見極める技術、減らす技術

では、どうしていけばよいでしょうか。本書では、本当に重要なものごとを見極めるために必要なことは5つだと述べています。

- **じっくりと考える余裕**
- **情報を集める時間**
- **遊び心**
- **十分な睡眠**
- **何を選ぶかという厳密な基準**

「遊び心」と聞くと、みなさんはどう感じますか？　遊びなんて時間の無駄と捉えている人も教育関係者には多いのではないでしょうか。ところが、さまざまな研究で、遊びの効用は検証されています。創造性を高めることや心の健康によいことなど。幼児を見ていてもそれは実感できます。

また、次の言葉が印象的でした。

> 忙しく動きまわることを有能さの証だと思っている人は、考えたり眠ったりする時間をなるべく減らそうとする。しかし本当は、立ち止まる時間こそが、生産性を高めるための特効薬だ。（p.83）

急がば回れということかもしれません。わたしもこのところ睡眠時間を削りがちだったので、反省しています。よく寝ていないと、集中力も生産性も高まりません。

アイザック・ニュートンが、万有引力の法則を論じた主著の執筆に際して、２年間ほとんど引きこもっていたことは、有名な話です。

パブロ・ピカソもこう述べています。

「深い孤独がなければ、まともな作品はつくれない」


妹尾の話がどこまで参考になるかは分かりませんが、大手企業を辞めて独立して、もっともよかったことのひとつが、考える時間が劇的に増えたことです。不安定でリスキーな人生にはなっていますが。メールの量もずいぶん減りましたし、午前中はメール等はやらずに、原稿に集中するといったことも可能です。この原稿も、考える時間とアウトプットする時間を兼ねた、とても楽しいひときです。

学校では、そう自由にならないことの方が多くて、孤独にじっくり考えるなんてできないよ、という声が聞こえてきそうです。しかし、ちょっとでもそういう時間を大切にしていくこと、そのために、あまり重要でないことにはＮｏと言ったり、やり方を大きく変えたりすることが必要かもしれません。わたしも試行錯誤の真っ只中ですが、みなさんも「エッセンシャル思考」を少しでも実践してみませんか。

3／エフォートレス思考：別の道を探す、試す

大きな石が多すぎたら、どうしたらよい？

『エッセンシャル思考――最少の時間で成果を最大にする』と同じ著者の『エフォートレス思考――努力を最小化して成果を最大化する』（高橋璃子訳、かんき出版）も2021年に日本語版が出版されています。今回は、こちらを参考に、仕事や教育活動の捉え方について考えます。

この本の冒頭で、マキューンはこう述べています。

> 私はエッセンシャル思考を体現しようと、がんばっていた。（中略）絶対やりたいことだけに「イエス」と言い、その他すべてに「ノー」と言う。
> そうすれば、忙しさに押しつぶされることなく大事なことを達成できるはずだった。
> けれど、今では別の問いに直面していた。
> 本質的なことだけに人生を絞り込み、しかしそれでも多すぎるには、どうしたらいいのだろう？（pp.20-21）

空き瓶にさまざまな石を詰めようというとき、小さな石から入れていくと、大きな石を入れるスペースはなくなってしまいます。大きな石を入れた後で、小石や砂利を入れていくと、ちょうど隙間にフィットして、うまく収まります。もちろん、これはメタファーで、大きな石とは、健康や家族などの最優先事項を、小石は、仕事やキャリアといった優先順位がいくらか低いものごとを、砂利はスマホいじりなど、取るに足りないことを指した教えです。

しかし、もしも大きな石が多すぎたときは、どうすればよいでしょうか?

別の道を探す

『エフォートレス思考』では、大事なことだけをやろうとしても、それでも多すぎるなら、諦めるか、やり方を変えるしかないと述べます。

がんばってもうまくいかないなら、別の道を探したほうがいい。(p.15)

この言葉は非常にシンプルですが、大事なことだと思います。みなさんの中には、「何を分かりきったことを?」と言いたくなる人もいるかもしれませんが、案外、別のもっと楽な方法があるかも、という発想になっていないときは、多々あるのではないでしょうか。

努力と根性でなんとかしようというのは、ひとつの考え方にすぎない。ところが多くの

人は、それが唯一のやり方だと思い込んでいる。ほかのやり方を探ろうとしないまま、限界を超えてがんばりつづける。力ずくでやることに慣れてしまっているからだ。
エフォートレス思考は、問題に対するアプローチを180度逆転させる。
それは「どうすればもっと楽になるだろう？」と考えるアプローチだ。（p.51）

わたしは、学校の働き方改革や業務改善について数多く関わってきましたが、教職員や教育行政職員の中には、「ともかくがんばるしかない」という思考モードに入っている人は少なくない印象を受けます（あくまでもわたしの限られた経験での印象論ですが）。

目の前のことを一生懸命やろうというのは大事なことも多いですが、一方で、少し立ち止まって、その業務や活動そのものの必要性を考え直したり、やり方のマズさを改善したりすることを飛ばしがちではないでしょうか。

またたとえ話になりますが、登山をイメージしていただくといいと思います。あなたの目の前の道は、急峻な登り坂が続いて、かつぬかるんでいて歩きにくい。この猛暑のなか日差しも厳しい。でも、「このくらいでへこたれずに、ともかくがんばるか」となっている人が多い印象です。別の道を選べば、多少距離はあっても、なだらかで、木陰も多くて歩きやすいかもしれないのに。

しかも、一生懸命がんばることが美徳で、**「ラクをする」ということに罪悪感を覚える人や「ズルい」と思ってしまう人も多い**かもしれません。これは児童生徒に対してもそういう教育をしてしまっているように思いますが。

でも、世の中の多くの便利な発明品を思い出していただければ明らかなように、「ラクをしたい」という思いが数々のイノベーションを生み出しています。レンジでチンとか。ちなみに、うちは子どもも多いし、乾燥機能付き洗濯機を買って、本当によかったです（洗濯物を干す、取り込むという工程がなくなります）。

エフォートレス思考の実践例

さて、この本ではさまざまなエピソードをもとに、エフォートレスな考え方と実践について解説してくれていますが、その要点のみ、書き出しておきましょう（次のページ）。

一つひとつは、他のビジネス書などでもよく言われることかもしれません。また、著者のオススメする方法がすべて、日本の学校でうまく適用できるとも思えません。たとえば、昼寝したほうがリフレッシュして集中力が高まることはよく知られていますが、そんなヒマ、ないですよね？とは言え、いくつか参考になる部分はないか考えてみるのもいいと思います。自分のこれまでの慣習や思い込みを振り返るヒントが見つかることでしょう。

一例として、ある小学校では、月1回、10分程度ですが、職員室の自分の机周りを片付ける時間を設けています。案外、もの探しに時間がとられることもあるためです。で、これを校長等からやれと言われて、渋々やるのではおもしろくないですよね？　この小学校では、各教職員が輪番で懐メロをかけながら、作業することにしました。世代ごとの違いが出て、雑談も盛り上がって、楽し

■エフォートレスな精神

INVERT（転回） がんばれば、成果が出るとはかぎらない	・「どうしてこんなに大変なんだ？」と問うのではなく、「どうすればもっと簡単になる？」と考える。 ・不可能を可能にするために、違う角度からアプローチする。 ・大きな困難を感じたら、「やり方が悪いのではないか？」と振り返ってみる。
ENJOY（遊び） 「我慢」を「楽しい」に変える	・仕事と遊びを共存させる。 ・面倒なタスクを、意味のある儀式に変える。
RELEASE（解放） 頭の中の不要品を手放す	・足りないものに目を向けると、すでにあるものが見えなくなる。自分の持っているものに目を向ければ、足りないものが手に入る。 ・ネガティブな感情を持っていても役に立たないなら、手放す。
REST（休息） 「休み」で脳をリセットする	・1日の疲れは1日で癒せるように、やることの量を調整する。 ・昼寝を上手に活用する。
NOTICE（集中） 今、この瞬間にフォーカスする	・ノイズを無視して重要なことに集中する。 ・自分の意見や判断を押しつけるのではなく、人の話に全力で耳を傾ける。

■エフォートレスな行動

DEFINE（目標） ゴールを明確にイメージする	・プロジェクトに着手する前に、まず「完了」のイメージを明確にする。 ・完了と言える明確な条件を設定し、そこにたどり着いたら終了する。 ・1分間、心を集中させる。
START（発動） はじめの一歩を身軽に踏み出す	・最もシンプルな行動から始める。 ・やるべきことを分解し、最小のステップに落とし込む。
SIMPLIFY（削減） 手順を限界まで減らす	・各ステップを単純化するのではなく、不要なステップをなくす。 ・やらないことを最大限に増やす。
PROGRESS（前進） よい失敗を積み重ねる	・「ゴミ」、駄作から始める。 ・安く失敗する。学習サイズの失敗から学ぶ。
PACE（上限） 早く着くために、ゆっくり進む	・エフォートレスなペースを設定する。 ・まとめて一気にがんばっても、同じ成果が得られるとはかぎらない。

図4－3　エフォートレス思考の考え方と実践例

出所）グレッグ・マキューン（2021）「エフォートレス思考――努力を最小化して成果を最大化する」（高橋璃子訳、かんき出版）をもとに筆者作成

い時間になりました。

これは「ENJOY（遊び）：『我慢』を『楽しい』に変える」の好例かと思います。

「ともかく真面目に一生懸命」そういう教育関係者は少なくないかもしれません。ですが、たまにはいつもと違った角度、方法から仕事、教育活動を見つめ直してみる価値はありそうです。

学校でのガンバリズムを疑う

いくつか具体例をもとに、学校での「エフォートレス思考」の可能性や有用性について考えてみたいと思います。

例題1は、掃除の時間です。

日本中の小中学校、高校などでは、児童生徒と教職員がほとんど毎日掃除していますね。でも、こんな疑問を感じたことがある読者はいませんか？

●どうして、外注しないのだろうか。県庁等の職員はトイレ掃除などやらないのに。
●掃除機やルンバ、クイックルワイパーなど、もっとラクにできる方法を採り入れてはどうだろうか。ほうきとチリトリ（あるいは雑巾）だけという家庭は少ないのでは？
●災害時などで電気が止まるときもあるし、ほうきとチリトリの仕方を学ぶことは多少有用かもしれない。だとしても、毎日やる必要はあるのだろうか。

実は、こうした疑問をわたしの講演会などでするると、ハッとされる方、我が意を得たりという表

当たり前になっている児童生徒や教職員による掃除、みなさんはどう感じるだろうか。

情の方、ムスっとされる方に分かれることがあります。ムスっとされる方は、掃除には教育的な意義が大きくて、日本の伝統である、と考えているようです。

「妹尾さんは教員経験がないから分かっていないかもしれませんが、掃除の時間は、教室や廊下をきれいにしているだけじゃないんです。児童の心を磨いているんです」といったコメントをしてくださる方もいます。

みなさんは、どうお考えになりますか。

サッカーなどの試合の後で、日本人サポーターが掃除をしてから帰る姿が海外から称賛される様子を目にします。掃除の時間があるからこうなっているかどうかは分かりませんが、少しは影響していそうな気はします。公共交通機関などでの日本人のマナーのよさ（ゴミをそこらへんに捨てないことなど）も、学校教育が影響しているかもしれません。

しかし、もともと学校での掃除は、自治体の予算不足のために始まったそうです。日本型学校教育の歴史、伝統と言う人はいますが、そうたいしたことのない経緯から始まったものです。

また、前述のような教育上の意義、効果があるとしても、毎日掃除をする必要性までは説明できません。たまに、家庭科や道徳の時間に掃除実習をするくらいでよいのではないでしょうか。

お寺の修行ではないし、公立学校はもちろん政教分離ですから、児童生徒と教職員に「苦行」を強いる必要はありません。海外では、日本の学校の掃除の風景が「児童労働」とか「清掃員の雇用を奪っている」と映る人もいるそうです。

しかも、バカにできない時間がかかっています。1日15分だとして、年間約200日だとすると、1年に約50時間かけています。これは、児童生徒にとっては授業時間に換算すると、相当大きな時間です。小学校高学年の年間の図工（ないし音楽）の授業時間より長いです（標準時数は年間50なので、50×45分です）。

教職員にとっては、仮に時給2千円だとすると、1人あたり年間およそ10万円分が清掃指導（ないし掃除作業）に使われています。教職員数30人の学校であれば、年間300万円です。この予算があれば、外注したり、掃除機を買ったりできますよね。もちろん、実際には掃除の時間単体で教職員の給与が計算・支給されているわけではないので、上記はラフな推計、机上論にすぎませんが、こうして計算してみると、かなりの時間と労力をかけていることが分かりますよね。学校現場と教育行政は、児童生徒と教職員の時間コストに対する意識があまりにも低かったのではないでしょうか。

努力と根性で乗り越えられる？

例題2は、部活動です。

「みんなで団結してがんばろう」、「努力すれば報われる」、「1日休むと取り返すのに3日はかかる」といったことが、まことしやかに語られることが少なくありません。

身もふたもない言い方かもしれませんが、スポーツや芸術では、努力しても報われないことはよくあります。才能や運も影響するからです。しかも、その才能の有無や努力できるかどうかも、遺伝や家庭環境の影響が相当大きいようです。だからといって、学校での指導や働き掛けが無駄だというわけではありません。しかし、「ともかくがんばらないといけない」という価値観を、先生方は子どもたちにあまりにも押し付けてはいないでしょうか。

そのせいか、「努力できない自分が悪い」、「チームのみんなに迷惑をかけている」と申し訳ない気持ちになる子どももいて、そのスポーツや文化活動が嫌いになってしまうケースもあります。

また、部活動では監督、指導者や先輩の示した練習方法に沿って行うのが「当たり前」という運用をしているところも少なくないのではないでしょうか。もっと効果的な練習方法があるかもしれませんし、人によって効果的な方法は違うかもしれないのに。

1年生が「わたしにとっては、この練習方法、メニューのほうがよいと思います」などと言おうものなら、「協調性がない」とか「生意気なヤツ」と言われかねませんし、場合によっては仲間外れ、いじめの対象になってしまうかもしれません。

なにもかも「エフォートレス思考」がよい、とはわたしは思いませんが、もう少しガンバリズム一辺倒、根性論からは自由になってもいいのではないか、と思います。

授業研究会はなんのため？

教職員間にも指導や価値観の押し付けがあるように思います。例題3は、授業研究会。

小学校などでの公開の授業研究会、研究発表会ともなれば、授業者は何時間も準備して本番に臨みます。指導案を何度も書き直したり、校長や指導主事から細かいところまで指導、助言を受けたりするケースもあると聞きます。

これらがすべて非効率だとか無駄だと申し上げたいのではありません。わたしが問いかけたいのは、もっと別のやり方や研究授業のあり方があってもいいんじゃないですか、ということです。

わたしは授業研究については素人ですが、いつもおかしいなと思うのは、事前の検討にすごく時間をかける割には、事後がとても弱いことです。「打ち上げ花火」などと揶揄されることもありますが、当日までにエネルギーを使い果たしてしまい（授業者はクタクタになって）、研究会が終われば、「あ〜、よかった」となるのです。でも、本来は、授業研究の目的は授業改善や子どもたちの学びが豊かになることですから、研究会の後で、どの程度授業が変わったのか、課題はなんなのかなどをフォローアップすることが大事ではないでしょうか。

「エフォートレス思考」が活用・応用できそうなシーンを3つの例題をもとに考えてみました。他に思い当たることや学校での実践例などは、ぜひお知らせください。

V

アンラーニングし、アップデートする

1／アンラーニングとアップデート

現状維持バイアスと戦う

冒頭から率直な質問ですが、みなさんは、「過去にうまくいったことにとらわれすぎていたな」とか「なかなか新しい考え方や方法を取り入れられていないな」と思い起こすことはありませんか？

レジェンド棋士として誰もが知る羽生善治九段はこう述べています（『直感力』ＰＨＰ文庫、２０２０年）。


いつも、「自分の得意な形に逃げない」ことを心がけている。

戦型や定跡の重んじられる将棋という勝負の世界。自分の得意な形にもっていけば当然ラクであるし、私にもラクをしたいという気持ちはある。

しかし、それを続けてばかりいると飽きがきて、息苦しくなってしまう。アイデアも限られ、世界が狭くなってしまうのだ。

人は慣性の法則に従いやすい。新しいことなどしないでいたほうがラクだから、放っておくと、ついそのまま何もしないほうへと流れてしまう。
意識的に、新しいことを試みていかないといけないと思う。

羽生さんが「慣性の法則」と書いていることは、心理学などでは「現状維持バイアス」と呼ばれます（第1章も参照）。人は、現状を変更したことで現状を失うことを後悔するだろうと想像し、その損失と後悔を回避しようとして、現状維持を選ぶ傾向があるというわけです。

まあ、こういうバイアスがないと、世の中、離婚や転職はもっと増えているかもしれませんが（それが望ましいのかどうかは別の議論です）。心理バイアスというのは、人類の進化の中で、有用性もあるから残っているのでしょうね。

巨大企業が大負けした理由

民間企業では「昔のヒーロー」と呼ばれる人がたまにいます。昔はトップセールスとして活躍していた人が、時代の変化に取り残されて、いまは売れなくなった人のことを指します。ちょっとさみしい話ですが、よくある話です。

同じようなことは組織についても言えます。みなさんは、自宅で映画や過去のドラマなどを観たいときに最近はどうしていますか？

ひと昔前まではレンタルビデオ屋さんでしたが、最近はアマゾンプライム・ビデオやネットフリックス（Netflix）などの動画配信サービス、ストリーミングを使う人が多いのではないでしょうか。[10]

米国でのDVDレンタル事業者として最大手だったブロックバスター（Blockbuster）は、2002年の時点で売上高55億ドル、顧客数4000万人、店舗は6000店もありました。ところが、そのわずか8年後の2010年9月に破産申請する事態に追い込まれました。

対照的なのは、ネットフリックス。1990年代後半から郵送でのDVDレンタルを手掛けていた同社ですが、ブロードバンドの普及を見越してインターネットでの動画配信サービスに軸足を移していきます。ネットフリックスの有料会員数は2019年には全世界で1億5千万人を突破しました。

実は2000年に、ネットフリックスのCEOが、自社の株式の49％を買わないか、とブロックバスターに提案したことがあったのですが、ブロックバスターは関心を示しませんでした。2003年時点で、ブロックバスターのレンタルビデオ市場でのシェアは45％、競合企業の3倍も大きかったのです。当時は、巨人から見れば、ネットフリックスなど取るに足らない小さな存在に見えたのでしょう。

2002年にブロックバスターの広報担当は、「ネットフリックスはニッチ市場のサービスだ。通販レンタルの需要が十分にあるとは思えないし、持続可能なビジネスモデルではない」とコメントしていました。2005年にネットフリックスがネットでの動画配信へ移行し始めたときも、ブロックバスターのCFO（最高財務責任者）は、「現時点で（動画配信が）経済的にうまくいくとは思えない」と発言していました。

この例なども、ブロックバスターの経営陣は現状維持バイアスにとらわれすぎてしまった、と解釈することが可能だと思います（もちろん他の要因もあるでしょうが）。

学びほぐし、アンラーニング

アップデートしていくことを、経営学や心理学では「アンラーニング」と呼びますが、これが個人にも、組織にも、重要となっています。松尾睦（２０２１）『仕事のアンラーニング――働き方を学びほぐす』（同文舘出版）がとても参考になります。

アンラーニングとは、学習棄却などとも訳されますが、もう少し平たく言うと、学びほぐし、知の断捨離です。**古くなった知識・スキルを捨てて、新しい知識・スキルを取り込んで、仕事の信念やルーティン（仕事を進める仕組み・手続き・方法、基本スタイル）を変える**ことを指します。

松尾教授はこう述べています。

> 「プロフェッショナルになる」ためには、自分の型やスタイルを作り上げなければなりませんが、「プロフェッショナルであり続ける」ためには、確立した型やスタイルを壊し、新たな型やスタイルへと作り直すことが欠かせません。（p.ⅱ）

10　ブロックバスターとネットフリックスのストーリーは、チャールズ・A・オライリー、マイケル　L・タッシュマン著、渡部典子訳（２０１９）『両利きの経営』（東洋経済新報社）を参照。

いまはＶＵＣＡ（ヴーカ）の時代とよく言われます（Volatility：変動性、Uncertainty：不確実性、Complexity：複雑性、Ambiguity：曖昧性）。ご案内のとおり、新型コロナウィルスは突然やってきて、大混乱になりました。また、本稿執筆現在、ロシアとウクライナとの間の戦争が続いていて、たくさんの方が苦しんでいます。予想もしなかったことや起こるわけがないと高をくっていたことが、現実化しています。わたしたちは不透明で予測困難な時代の真っただ中にいます。

過去を無下に否定し、あらゆるものが時代遅れだと言っているのではありません。「以前うまくいったことが、こんにちの状況では通用しないこともある。でも人も組織もなかなか変わろうとしない」ということをよく注意しておく必要がある、という話です。

学校とアンラーニング

いくつか例を紹介します。実際、わたしが聞いた話を少し修正して掲載しています。

事例１

ある中学校教員のＡさんは、いわゆる熱血教師に近いタイプで、授業はもちろんのこと、部活動指導（ソフトテニス部）も熱心に取り組んでいました。生徒も成長し、やりがいを感じていました。あるとき、卒業生数人がＡさんのもとを訪ねてきました。「どう高校生活は？　テニス、楽しんでる？」と聞いたところ、そこにいた卒業生はみんなテニスをやめていました。中学のときにいっぱいやったので、高校ではもういいと思った、と言うの

です。

もちろんテニスを続けるかどうかは自由ですし、生徒次第です。ですが、Aさんは今まで自分がやってきたことはなんだったんだ、としばらく考え込みました。大会などでいい成績を収める。がんばってきた生徒たちを勝たせてやりたい。そういう気持ちで休日も返上して指導してきました。それが合っていた生徒もいたのでしょうが、テニスを楽しむことからは、かけ離れていたのではないか。

それ以降、Aさんは、部活動のあり方が本当にこのままでいいのか、模索し続けていきます。単に教師の働き方改革のためだけでなく、生徒のためにも、練習量や練習メニューを見直すことにしました。

事例2
ある学校事務職員Bさんは、勤務経験は10年を超え、慣れてきたこともあって、卒なく仕事をこなせるようになってきましたが、自分からなにか働きかけたり、新しいことにチャレンジしたりするタイプではありませんでした。職員会議で自分から発言するということもありませんでした。事務職員はそういうものだと思っていたからです。
それが少し変わり始めたのは、たまたま参加したある研修会がきっかけでした。そこでは、企業の職場改善、業務改善を進める講師から「学校は子どもたちのために設計されているが、教職員のためにという発想が弱すぎる。教職員用の休憩スペースすらないところが多い」という話がありました。Bさんは、ハッとしました。

その後、Bさんは、思い切って校長を誘って、企業のオフィス改革の展示場を見学してみました。学校にはなかった発想が随所にあり、刺激を受けて帰ってきました。

その後、予算をなんとかやりくりして、職員室内に休憩スペースをつくることから始めています。有志がお菓子を置くなどして、ちょっとした会話が弾む場になりつつあります。


こうした例のほかにも、小さなこと（ちょっとしたこと）から、かなり大掛かりなことまで、いろいろとアンラーニングの実践例はあると思います。読者のみなさんは、何か思い当たるでしょうか？

アンラーニングが進まない例

あるいは、アンラーニングがうまく進んでいないと思う例はありませんか？　仕事の信念やルーティンというのは、中にいる人にとっては「当たり前」だと思っていることも多いわけですから、問題に気づいたり、抜本的に見直そうと思い始めたりすることは、そう簡単なことではありません。

一方、わたしのような外部の者は、教職員や教育行政職員の方と比べて内情は捉え切れていないと思いますが、少し違った目線で見られるので、時々、本当にこれでいいのかなと思うことはあります。

たとえば、**学校における「来賓」の取り扱い**です。小さなことかもしれませんが、運動会、卒業式などで、教育長（あるいは教育委員や教育委員会職員）が来賓扱いされている学校がたまにあるのですが、違和感があります。設置者ですから、客人じゃないだろう、と思うからです。しかも、学校側は教育委員会が来ることに非常に気を遣っている（お茶菓子に何を出そうかとか）。もっとお互いに気楽になったほうが、多少の業務改善にもつながると思いますし、対話が進みやすいのでは、と思います。

また、別の例では「適応指導教室」といった名称もどうかと思います。学校に行けるように「適応」させねばならない、という発想は、問題が多いように思うからです。

もう少し大きめのことも。多くの先生方にとって、これまでの授業スタイルや指導観、教育観を変えることは簡単なことではありません。1人1台端末の活用などでもそれはよく見えてきます。先生が指示をしたり、許可したりしたときしか授業中は使わせない、という学校、教員は少なくありません。「好き勝手なことをされ始めたら、授業規律が乱れる」という心配ももっともかもしれません。しかし、それは、児童生徒を信用していないということかもしれませんし、児童生徒がしっかり打ち込める課題などを出せていないということかもしれません。本来は、児童生徒ごとの必要性や関心などに応じて、ＩＣＴは使っていけばよいはずです。

批判的内省を促す

どうすれば、アンラーニングは進むのでしょうか。松尾（２０２１）では、これまでの実証研究などを整理してくれています。それによると、カギは内省、特に自身の信念や前提を問う「批判的

内省の深さ

レベル０：習慣的行為
習慣的なスキルに基づいて、無意識的・自動的に仕事をしている

レベル１：理解
仕事上の目標・方法・アプローチを意識・理解している

レベル２：内省
仕事上の目標・方法・アプローチを見直し、修正している

レベル３：批判的内省
自分の中で「当たり前」となっている信念や前提を根本的に問い直している

図５－１　内省の深さ・レベル
出所）松尾睦（2021）『仕事のアンラーニング——働き方を学びほぐす』（同文舘出版）、Kember et al.（2000）. Development of a Questionnaire to Measure the Level of Reflective Thinking. *Assessment & Evaluation in Higher Education*, Vol.25, No.4

内省」です。内省といっても深さに違いがあります（図5－1）。

事例1と2はともに、当たり前となっている信念や前提を問い直している、批判的内省に近いと言えるでしょう。

では、どうしたら、内省（レベル2または3）は促されるのでしょうか。松尾前掲書によると、ひとつは「学習志向」が影響するという知見があります。学習志向とは、自分の能力を高め、学ぶことを重視して、仕事をすることです。まあ、言われてみれば「そりゃそうだろう」とも思いますが。

この学習志向と関連が深いのは、**「自己変革スキル（personal growth initiative）」**です。自己変革スキルとは、4つの次元から構成されています。

・**変革の準備**：自分の中で変える必要があることを理解している

・**計画性**：自分を変えるための、実現可能な計画の立て

方を知っている

・**資源の活用**：自分を変えようとするとき、積極的に支援を探し求めている

・**意図的行動**：成長の機会があれば、見逃さないようにしている

用語としては難しそうですが、わたしの解釈で平たく申し上げると「ボーっと生きてんじゃねえよ！」（チコちゃん風）ということかと思います。事例2では、研修会や企業の事例を見学に行ったことで、Bさんの行動が変容していきました。少々面倒であっても、自分が成長できるかもしれないところに飛び込んでみることなどが重要なのだろうと思います。

わたしが気になっているのは、高校教員や小学校～高校の学校事務職員の中には、研修を受ける機会が少ない人も大勢いることです。いくつか調査を見ると、小中学校と比べて、高校は校内研修が極端に少ないです（たくさんやればいいという話でもありませんが）。事務職員も、電話番が必要だということで、校内外の研修に参加しない（させてもらえていない）ケースもあると思います。研修だけが学習の場ではないのですが。

一方、変革の準備ができている人、アンラーニングを意識して仕事をしている人は、校内外の研修、あるいは自主的なものも含めて、さまざまな場で吸収しています。おそらく読者の周りにもアップデートし続けている人はいるのではないでしょうか。まずはそういう人に話を聞きに行ってみることから始めてもいいと思います。

2／教室マルトリートメント：その「指導」、本当に児童生徒のためになっていますか？

「不適切な指導」とは？

この頃は、毎日のように学校教育に関わる記事やニュース番組をインターネット上で見かけます。もともとネット上のニュースサービスでは、その人の閲覧状況などから関心の高そうな記事等をピックアップして知らせる機能が働いているので、わたしの場合、教育関連のニュースが目につきやすいのですが。

ニュースの中で度々話題に上るのが、校則の問題ですよね。いまだ下着の色を指定して、チェックまでしている学校もありますし（セクハラでは？）、靴下は黒、髪型はツーブロック禁止、他学年のフロアへの移動禁止などと合理的な理由が不明瞭なルールが残っている学校もあります。

校則に限らず、いわゆる「不適切な指導」や教員の日常的な関わりへの疑問が論じられるニュースも少なくありません。小学校で漢字のとびはねを細かくチェックし減点にする、筆算では定規を使うように半ば強制しているなど。また、中学校や高校などでは、部活動で顧問から厳しく叱責され、それが原因となってか不登校になる、場合によっては自死に至るケースも報告されています。

炎天下のなかで生徒を走らせて熱中症になってしまった事案なども。

少し前にも群馬県桐生市の小学校で、50代の教諭の「指導」が報じられていました。


忘れ物やあくびをした児童の頭を押さえ付けた。また、児童の容姿やしぐさから児童にあだ名を付けて呼ぶなどした。クラスでは不眠を訴えたり、学校を欠席したりする児童が出ている。教諭は2年生の担任だった昨年度にも、姿勢の悪さを理由に児童の頭を押さえ付けたことがあった。（上毛新聞2023年5月27日付）

「一部の学校、一部の教員のことを言っているだけじゃないか」と思う方もいるでしょうし、実際そうかもしれません。ですが、こうした例に近い「指導」をしてしまっている人やその手前（予備軍）の先生はけっこういるのではないでしょうか？

指導の「適切さ」については、さまざまな考え方や評価軸があり得ますが、児童生徒の心や身体に深刻な傷を負わせかねない行為を「適切な指導」と呼ぶ人はいないでしょう。わたしの個人的な感触としては、不適切な行為は「指導」と呼べるものではない、と思います。

学校教育の中には、「教育」や「指導」という言葉があふれていますね。「○○教育」という名のものは多いですし、そもそも学習「指導」要領ですし。生徒指導という言葉も、学校現場ではたいへん広い意味で捉えられていると思います。なお、進路指導と言っても、先行きが不透明な時代に「指導」なのだろうか、とも思いますが。

「教育」の名の下に、そのマイナス影響や不適切さが覆い隠されていることは、内田良先生がずいぶん前に『教育という病』（光文社新書、２０１５年）で問題提起していますが、改めて、わたしたちの日常の教育的活動や指導について、見つめ直す必要があるのではないでしょうか。

教室マルトリートメント

ヒントになる好著があります。川上康則（２０２２）『教室マルトリートメント』（東洋館出版社）です。この本では、「教室内で行われる指導のうち、体罰やハラスメントのような違法行為として認識されたものではないけれども、日常的によく見かけがちで、子どもたちの心を知らず知らずのうちに傷つけているような『適切ではない指導』」を「教室マルトリートメント」と呼んでいます（p.１）。児童生徒を押さえつけるような威圧的な指導であるとか、特定の子のことを無視するといったことが典型例です。

次のような事例も紹介されています。読者のみなさんも近い経験はないでしょうか？

ある学校では、初任者が管理職から「子どもにナメられるから、笑顔を見せるな」という指導をされていました。その学校では、声が大きく勢いのある教師が「統率力がある」と高く評価され、職員室の雰囲気を仕切っているようなところがありました。（中略）初任者の教師は、（中略）子どもたちの心に響かせるようなかかわりができず、ほどなく学級が機能しない状況（いわゆる学級崩壊）になりました。初任者は職員室で毎日のように

責められ、やがて精神的な落ち込みと身体的な不調をきたすようになりました。（p.4）

また、過去に教員から投げかけられた言葉がフラッシュバックし、パニック時にそれをオウム返しのように繰り返す自閉症児のことも紹介されています（pp.4-5）。「また悪いことをして」「約束したはずだよね」「ごめんなさい、は？」「まったくもう」「最高学年のくせに」といった言葉を繰り返すのです。著者の川上さん（公立特別支援学校教諭）は、こう述べています。

ここまで子どもたちを追い込む指導は、もはや教育と言えないのではないだろうか……。教育の名の下に、私たちは子どもの心を壊す行為を半ば平然と受け入れているのではないだろうか……。こうした自戒の下に、あらためて教室での教師のふるまいを「前提から見つめ直す」作業が必要なのではないか。（p.5）

不登校急増の背景には？

不登校が急増しています。2022年には、小中学生の不登校は約30万人を超え、高校生も6万人を超えていて、いずれも過去最多（次ページ図5-2）。ただし、熊本市の遠藤教育長によると、不登校とカテゴライズするか、病気やその他と分類するかが自治体によってバラつきがあり、「不登校の数字には、あまり信憑性がない」ようです（日本教育新聞2022年11月21日付）。であれば、不登校数よりも、その他なども含めた長期欠席者数で見ておいたほうがよいでしょう。年間1カ月

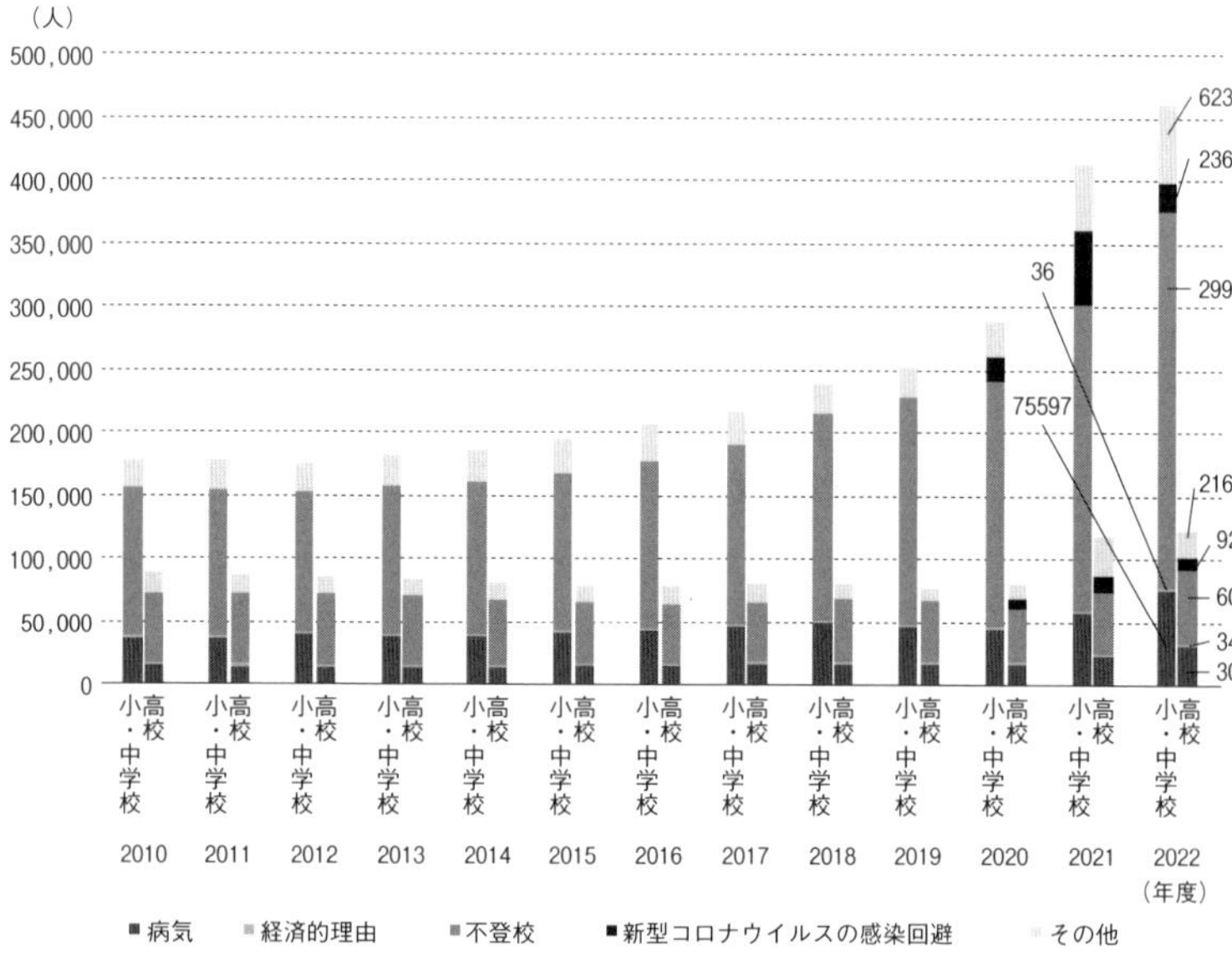

図５－２　小・中・高等学校における長期欠席者数の推移

出所）文科省「令和３年度児童生徒の問題行動・不登校等生徒指導上の諸課題に関する調査結果の概要」から編集部作成

以上の長期欠席者数は、小学生で約20万人、中学生で約26万人、高校生で約12万人にも上ります。加えて、高校中退者は22年度で約４万３千人です。

こうした長期欠席者（ならびに中退者）が多いことは、新型コロナの影響で、出席ないし欠席という捉え方が変わってきたことも影響しているでしょうし、複合的な背景があります。中には「積極的不登校」などとも呼ばれる、正規の学校以外のほうを望んで通っているケースもありますが、フリースクール等はあちこちにあるわけではないし、家庭負担も重いので、積極的不登校が多数を占めている、とは考えにくいです。長期欠席者等のうち、大多数は学校のこれまでのやり方や「指導」になじめず、「ＮＯ」と言っているようにわたしには聞こえます。「教室マルトリートメント」をはじめとする「不適切な指導」が要因のひとつとなっている事案も少なくないのではないでしょうか。

参照してほしいのは、文科省の「令和2年度不登校児童生徒の実態調査」です。これは、その前年度に不登校であった小中学生本人（小6、中2）に聞いた貴重な調査です。「最初に学校に行きづらいと感じ始めたきっかけ」（複数回答）として、いじめ問題や体調不良など、さまざまな要因が挙げられていますが、**「先生のこと（先生と合わなかった、先生が怖かった、体罰があったなど）」は小学生が回答した選択肢の中では最も多く、30％。中学生も28％**がそう答えています。

わたしは「先生たちのせいで不登校が急増しているのだ、ケシカラン」と頭ごなしに申し上げたいわけではありません。大切なのは、**自分たちの指導や何気ない一言で、深く傷ついている子はいないだろうか、児童生徒のSOSを案外大人はキャッチできていないのではないか**などと、批判的に振り返ることだと思います。

これまで通りのやり方や、**よかれと思って実践していることの中に、副作用のほうが大きいものもあるかも**しれません。「教室マルトリートメント」あるいは「不適切な指導」と呼ぶかどうかは別としても、それらに近いことは、身近に潜んでいるのではないでしょうか。

思い当たることありませんか？

川上（2022）では、「教室マルトリートメント」の例をいくつか紹介しています（p.25）。程度の問題もあるでしょうし、その場その場の状況、あるいは受け手の子どもたちにもよるとは思

ネグレクトに類似した指導

・励ましや賞賛などをしない
・特定の子の指名を避ける
・必要な授業準備を怠る
・取り組むべき学級の課題を放置する
・支援が必要な子の合理的配慮を行わない
・「勝手にすれば」「さよなら」等の見捨てる言葉　等

心理的虐待に類似した指導

・威圧的・高圧的な指導、力で押さえる指導
・子どもが自信をなくすような強い叱責
・子どもの人格を尊重しない言動
・子どもの主体的な行動を妨げるような指導　等

図５－３　教室マルトリートメントの例
出所）川上（2022）をもとに筆者作成

いますが、こうした「教室マルトリートメント」は、みなさんの周りにもないでしょうか？

また、中学校や高校では、授業中は比較的穏やかな先生でも、部活動中、とりわけ試合で勝負がかかってくると、威圧的な指導や命令口調が多くなる、といったこともあるかもしれません。文科省の調査によると、中高で体罰が多いのは、授業中に次いで部活動中です（「令和4年度公立学校教職員の人事行政状況調査」、ただし、懲戒処分・訓告等を受けた事案のみの集計）。

また、体罰を行った教員のうち約44％が50歳代以上です（前掲文科省調査）。体罰と「教室マルトリートメント」は違いますが、昔ながらの指導方法ややり方を批判的に見つめ直すのが難しいことを示唆しているように思います。

生徒指導提要での記述とその背景

実は２０２２年に改訂された生徒指導提要にも、似たことが指摘されています。「不適切な指導と考えられ得る例」ということで、いくぶん控えめな表現ではありますが、例示しています（p.105）。

・大声で怒鳴る、ものを叩く・投げる等の威圧的、感情的な言動で指導する。
・児童生徒の言い分を聞かず、事実確認が不十分なまま思い込みで指導する。
・組織的な対応を全く考慮せず、独断で指導する。
・殊更に児童生徒の面前で叱責するなど、児童生徒の尊厳やプライバシーを損なうような指導を行う。
・児童生徒が著しく不安感や圧迫感を感じる場所で指導する。
・他の児童生徒に連帯責任を負わせることで、本人に必要以上の負担感や罪悪感を与える指導を行う。
・指導後に教室に一人にする、一人で帰らせる、保護者に連絡しないなど、適切なフォローを行わない。

生徒指導提要は300ページ近くもありますし、わたしもすべて読み込めているわけではありませんが、読んだことがない教職員も少なくないのではないでしょうか?

さて、文科省が今回の改訂版で「不適切な指導」について説明を加えた背景のひとつが、おそらく、福井県池田町立池田中学校に通う中学2年生の男子生徒(当時14歳)の自死です(2017年3月)。池田町学校事故等調査委員会がまとめた報告書(要約版)によると、「本生徒は、担任、副担任の双方から厳しい指導叱責を受けるという逃げ場のない状況に置かれ、追い詰められた」、「担任、副担任の厳しい指導叱責に晒され続けた本生徒は、孤立感、絶望感を深め、遂に自死するに至った」

のです。一例を挙げると、マラソン大会当日、伴走ボランティア実行委員長の本生徒は、あいさつの準備が遅れたことを理由に、担任から、校門の前で大声で怒鳴られました。「目撃していた生徒は、（聞いている者が）身震いするくらい怒っていた、すごい怒鳴っていた、本生徒が可哀想と感じたなどと述べている」そうです（同報告書）。

「指導死」という言葉があること、ご存じですか？　本人が「指導」と思い込んでいる体罰や暴力、不適切な言動等によって、児童生徒が死に至ることを指します。生徒指導提要は、こう続けています。

教職員にとっては日常的な声掛けや指導であっても、児童生徒や個々の状況によって受け止めが異なることから、特定の児童生徒のみならず、全体への過度な叱責等に対しても、児童生徒が圧力と感じる場合もあることを考慮しなければなりません。そのため、指導を行った後には、児童生徒を一人にせず、心身の状況を観察するなど、指導後のフォローを行うことが大切です。加えて、教職員による不適切な指導等が不登校や自殺のきっかけになる場合もあることから、体罰や不適切な言動等が、部活動を含めた学校生活全体において、いかなる児童生徒に対しても決して許されないことに留意する必要があります。

池田町の事案を思い起こすことで、この記述の意味がよく理解できるように思います。

具体的に何をするか

とはいえ「フォローを行うことが大切です」「留意する必要があります」などと文科省等に言われても、各学校では、教職員は、具体的にどうすればよいでしょうか。

わたしは生徒指導の専門家ではないので、詳しく提案できるわけではありませんが、日々の学校生活の中で、「この指導って、問題があるのではないか」「ひょっとして『教室マルトリートメント』なんじゃないか」「実は傷ついている子どもがいるかも」などと疑ってみること、批判的リフレクションを進めるしかないと思います。そして、なるべく予防に努めることですが、起きてしまったことは早期発見・早期対応です。「不適切な指導」や「教室マルトリートメント」と呼ばれているものは、だれでも行ってしまう危険性はあると思います。教員だけでなく、行政職員だって、あるいはわたしも含めて保護者が家庭教育で似た問題を起こしていることもあることでしょう。

しかし、加害者本人は悪気がない、必要な指導だと思っていたりする。だから問題やマイナス影響に気づきにくい。自己反省だけでは限界があると思います。やはり、だれかに指摘してもらう機会や先例から学ぶことを大切にしたいものです。

わたしは、校内外の研修等で、授業研究ばかりでなく、「これって不適切指導?」、「これって本当に児童生徒のためになってる?」というテーマで話し合ってみることも必要じゃないか、と思います。スクールカウンセラーやスクールソーシャルワーカー、あるいは特別支援教育等に詳しい専門家などにも入ってもらうとより効果的でしょう。

学校事務職員だって、「指導は教員の領域だから、わたしは口出しできない」などと狭く捉えず、気になることは発言したらよいと思います。同質性の高い教員の集団ばかりで検討すると、視野が狭くなりがちだし、これまでの指導に慣れている分、クリティカルに考えるのが難しい側面もあります。教員にはない視点を入れることは重要です。

川上さんは前掲書で次のように述べています（p.44）。

ネグレクトに類似したかかわりを行う指導者の口から出る言葉の中で、最も多いのが「自分には自分のやり方がありますから」という言い方です。実際の指導場面においては、その指導者の独自のアプローチが功を奏することはあり得ます。しかし、他の方法の選択肢があるにもかかわらず、それを認めずに自身のこれまでの狭い範囲の成功体験に固執することは、可能性の放棄、すなわちネグレクトと言わざるを得ません。ましてや、他者のやり方を一切否定して全てを受け入れようとしない態度であるならば、それはネグレクトを通り越して「独善的」「独裁的」な指導者の態度だと周囲に思われても仕方がないように思います。

「自分には自分のやり方がありますから」などと言って、自己弁護をしたくなる、防衛的になるのは、人の本能なのかもしれません。しかし、わたしたちは、独りよがりにならず、よき学び手でいたいものです。「不適切な指導」あるいは「教室マルトリートメント」で傷つく子どもが減るように、あるいは起きてもなるべく早くフォローできるように、失敗事例や反省を含めて、共有していくことが必要ではないでしょうか。

3／やりすぎ教育：子どもの頃から残業の練習!?

時間をかければかけるほどよいのか？

「とにかく長い時間、がんばらないと！」

この発想は、学校でも、家庭の子育てでも、あるいはさまざまな仕事、職場でも見られるものではないでしょうか。

たとえば、

●志望校に合格するためには、夜遅くまで勉強しないと。
●中学生や高校のうちは、遊びはガマンして、家庭学習の時間をもっと取りなさい。
●（部活などで）大会で勝ち進むには、競争相手よりももっと練習しなければ。
●平日には仕事が終わりきらないので、土曜に出勤して静かな職員室で仕事したほうがよい。
●顧客（または上司）の期待、要求もあるし、この資料作成は遅くまでかかってもがんばる。

などなど。

こうした考え方のすべてが悪いと申し上げるつもりはありませんが、いろいろな問題があります。共通するのは、限られた時間で高い成果を出すという発想が弱いこと、言い換えれば、生産性などガン無視だという点です。

自分にとって大切な時間は取れていますか？

ちきりん（2016）『自分の時間を取り戻そう』（ダイヤモンド社）という本はビジネスパーソン向けに書かれたものですが、「生産性」をもっと大切にすることが、自分の時間を取り戻すことにつながる、と述べています。ここでの生産性とは「成果÷投入した希少資源（時間やお金）」という意味です。

つまり、**一生懸命ともかく長く働けばよいという発想、根性論から脱して、限られた時間で一定の成果を上げる**ことを目指そう、そうしたほうが他の時間を自分のスキルアップなどにも使えるし、人生も豊かになるよ、という話です。

ホリエモンさんの電話に出ないというエピソードにも通じる話です（第4章）。

日本の時間あたりの労働生産性が低いことは以前から知られていますが、直近のデータをみても、OECD38カ国中30位です（次ページ図5-4）。国際比較というのは簡単ではなく、測定の仕方や為替レートの影響などの問題もあるので、こうしたデータを読むときには注意も必要ですが、米国、ドイツ、フランスなどと比べて、1時間あたり6割ほどしか価値を出せていないというのは、くやしいと思いませんか？

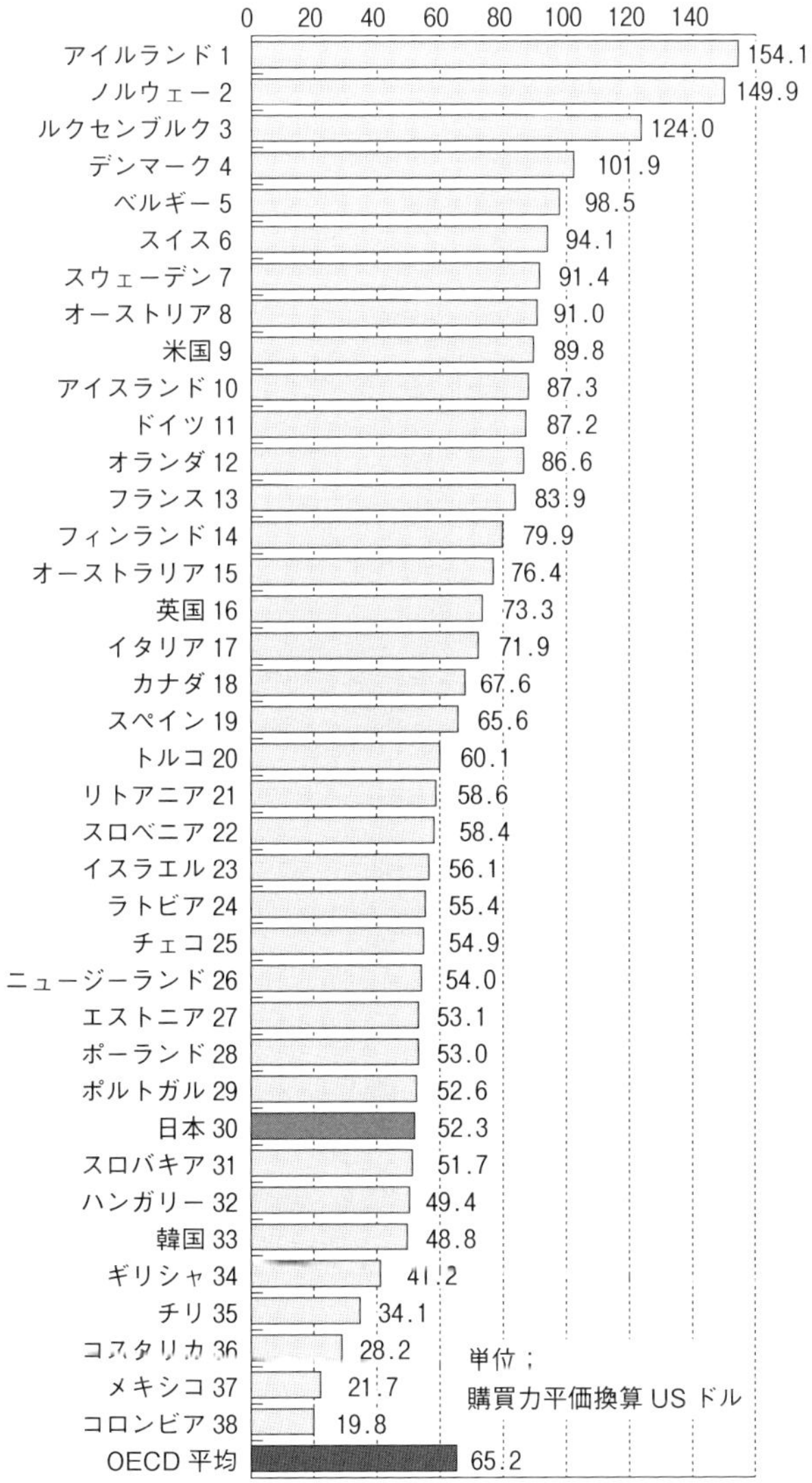

図 5 - 4　OECD加盟諸国の時間当たり 労働生産性（2022年／38ヵ国比較）

出所）日本生産性本部「労働生産性の国際比較2023」
https://www.jpc-net.jp/research/assets/pdf/summary2023.pdf

ご存じのとおり、日本は急激に人口減少しています。国の経済的な豊かさの多くは、「人口×1人あたり付加価値（1人あたり生産性）」と分解できますが、人口は増えません。外国の方にとって、もはや給料が高いとはいえないニッポンは、必ずしも魅力的ではないようです。だとすると、生産性の重要性は増しているわけですが、実態としては前述の通りです。

早朝や夏休みも補習つらくてもガマンせよという教育

労働生産性の高い大人になってもらうことのみが教育の目的だとも、役割だとも思いませんが、子どもたちの日常について思い出してみましょう。

個人的なエピソードになりますが、数年前に娘の受験の関係で、神奈川県と東京都の私立高校の案内パンフレットを読みました。各校のコースごとに3～4行（100字強）でPRポイントが書かれているのですが、「平日の3日は7時間目まで授業」「希望者には土曜授業を実施」「夏休みは午前授業や勉強合宿あり」などと書いている学校がいくつもありました。

また、先日ふるさとの徳島で、ある進学校（公立高校）の校内研修をお手伝いしました。少し前までは0時限目という朝補習・朝授業がありました。最近、朝補習はなくなったのですが、7時間目までやっている日もかなりあるそうです。夏休み中もしょっちゅう補習や模試が入っていました。「授業があるなら、夏休みといえるのかな？」「教職員の働き方改革にも逆行しているよな」など、ツッコミどころはいろいろあるのですが、こうした高校の例からも、「じっくり時間をかけて、面倒見がよいほうがよい」「生徒の進路実現をサポートするのが使命だ」「よそもやっている」という価値観や認識の下、**限られた時間で成果を出すという発想は皆無**なように見えます。

実際、次ページの図5-5のとおり、全日制高校では、定時制や通信制とちがって、85単位以上を履修させているところが約9割です（2023年度）。高卒資格を得るには、学習指導要領に定める最低基準である74単位を修得すればよいのですが、通信制を除き、多くの高校が10〜25単位程度多くの授業を受けるよう指導しています。週あたりの授業数を見ても、全日制では週30コマ以上がほとんどですし、全日制普通科では33コマ以上も約24％です。6時間目、あるいは7時間目まである日も多いということですね。

通信制高校の生徒数が急増している背景には、不登校や不登校傾向の子の増加などもありますが、全日制高校では生徒の負担が重いこと（通信制のほうが自由がきくこと）も影響しているのではないでしょうか。

少子化と労働人口減少が進む中、1人あたりの労働時間を長くして対応するのでは限界があります。わたしたち人間は、疲れ知らずなロボットやAIのようにはいきませんから。

ですが、この国では、**子どもの頃から「ともかく長い時間がんばれ」、「将来のために今はガマンせよ」という教育、子育て、あるいは少々意地悪な表現をすれば、〝洗脳〟をしている**のです。

これでは、社会人になったあと「もっと生産性を高めよ」「長時間の残業は禁止」などと言われても「そんなの無理」「人を増やすか、仕事を減らしてくれ」という姿勢になるのは自然なことかもしれません。

卒業までに履修させる単位数

		74	75〜84	85〜94	95以上
全日制	普通科等	2.1%	7.4%	58.3%	32.2%
	専門学科	2.3%	2.6%	69.2%	25.8%
	総合学科	4.1%	4.7%	85.4%	5.8%
定時制	普通科等	27.5%	69.9%	2.1%	0.5%
	専門学科	18.8%	75.0%	5.4%	0.9%
	総合学科	30.0%	55.0%	10.0%	5.0%
通信制	普通科等	84.4%	14.1%	0.0%	1.6%
	専門学科	60.0%	20.0%	20.0%	0.0%
	総合学科	100.0%	0.0%	0.0%	0.0%

週あたりの授業時数

		29以下	30〜32	33〜35	36以上
全日制	普通科等	3.4%	72.4%	23.6%	0.6%
	専門学科	8.3%	73.8%	17.5%	0.3%
	総合学科	14.0%	79.5%	5.8%	0.6%

		21以下	22〜24	25以上
定時制	普通科等	80.3%	6.2%	13.5%
	専門学科	75.9%	8.0%	16.1%
	総合学科	55.0%	22.5%	22.5%

図 5 - 5　卒業までの履修単位数と週あたりの授業時数

注 1 ）最も多くの生徒が該当する単位数についての調査。

注 2 ）授業時数は最も典型的な週間におけるもの。補習等は含まない。

出所）文部科学省「令和 5 年度公立高等学校における教育課程の編成・実施状況調査」

そもそも、当の教職員の多くが、生産性度外視の学校教育に慣れてきた人たちが就職し、再生産しています。自身や学校の働き方についても、「人が増えない限り変えるのは無理」と思っている人は多いですよね（そもそもの業務量が多過ぎる問題や政策・制度の問題などもあるとはいえ）。

宿題や塾は残業の練習では？

もちろん、一定の水準まで上達、熟達するにはある程度の時間はかかりますし、長い時間取り組むことが悪いことばかりではありません。ですが、あまりにも効率や生産性を軽視しては、心身の健康にも悪影響が出ますし、勉強や仕事以外の経験が少なくなることは、問題も大きいです。

臨床心理士の武田信子さんは『やりすぎ教育』（ポプラ新書、２０２１年）のなかで次のように述べています。

> 貧困家庭の子どもは学力が低いという研究結果は、貧困家庭の子どもの学習支援を盛んにし、放課後に無償の塾が開かれ、子どもたちは昼間の学校の勉強を夜に持ち越して残業することになりました。その時間の分、生活力をつける時間も、休息を取って次の活力をつける時間も減るわけですが、それは問題視されません。（pp.6-7）

貧困家庭にかぎらない話だと思いますが、塾での勉強、あるいは学校や塾の宿題は、残業のようなものだ、というのは鋭い指摘です。

ある公立中学校の校長は、わたしにこんな話をしてくれたことがあります。

> 教員の働き方が過酷だということはずいぶん知られるようになってきたけれど、わたし

から見ると、今の中学生の方がよっぽど過密で過酷ですよ。朝から夕方まで授業を受けて、その後18時、19時まで部活。移動中におにぎりを食べて22時近くまで塾。その後学校と塾の宿題をしたり、友達とSNSでやりとりしたり。寝るのは日付が変わった後。そんな中学生もたくさんいます。

もちろん、家でゆっくりゲーム三昧という子もいたりして、さまざまでしょう。ですが、加重な負担、時間拘束にさらされている子どもたちもいることは確かです。

少し想像すれば分かりそうなことですが、大人でも、毎日5～6時間、研修を受けなさい、と言われたら、どう思いますか。だるいな、めんどうくさいな、という反応の人も多いのではないでしょうか。教員免許更新制は評判が悪かったですが、経済的なコストだけでなく、時間的な負担感を訴える声も多かったです[11]。

教育の過剰、「やりすぎ」の問題について、家庭でも学校教育でも、もっと考えてみませんか。みなさんが関わっている児童・生徒はどんな1日、1週間を過ごしていますか。

エデュケーショナル・マルトリートメント

前掲『やりすぎ教育』の著者、武田信子さんは、**「エデュケーショナル・マルトリートメント」**として理解することを提唱しています。「マルトリートメント」とは、不適当な、よくない扱い方という意味です。虐待に近いですが、虐待というと、保護者によるものと捉えられることが多いので、「エデュケーショナル・マルトリートメント」と呼んでいます。家庭教育、幼児教育、学校教育、放課後の教育など、子どもの教育全般で考えていく話です。

これは、親や教員という個人の責任追及のための概念ではなく、社会の価値観が生む現象として、社会全体で対応に取り組むものだと、武田さんは述べています。

では「エデュケーショナル・マルトリートメント」とは、具体的にはどのようなことを指すのでしょうか。武田さんによると、**保護者によるものか、社会によるものか**で、ひとつ分類できます。もうひとつは、**教育の強制、やりすぎであるか、それとも、教育の剥奪であるか**で分類できます。

保護者による教育の剥奪とは、学校に行かせないことなどが該当します。ヤングケアラーの問題も含まれるでしょう。保護者による教育の強制、やりすぎの例としては、塾や習い事の強制などが当たります。オリンピック選手などのなかには、子どもの頃から厳しい練習に耐えて成功した人もいますが、本人が納得して受忍できるものであれば、虐待やマルトリートメントには当たりません。ただし、そういう子たちばかりではありません。

社会による教育の剥奪とは、たとえば、学校には来ているものの、授業が全然分からないのに実質放置に近いケース、あるいは不登校の子たちに学ぶ機会が与えられないことなどが該当します。

11　文部科学省「令和3年度『免許更新制高度化のための調査研究事業』結果概要」によると、免許更新講習の講習時間について「かなり負担に感じた」教員は48・6%、「やや負担に感じた」人は36・1%でした（2021年実施に全国の現職教員へ実施したアンケート調査）。

そして、特に注意したいのは、社会による教育の強制、やりすぎです。子ども本人にとって理解、処理しきれないほどの大量の宿題を与えているケース、あるいは熱中症リスクのたいへん高い中での部活動なども、「やりすぎ教育」に該当するでしょう。

川上康則『教室マルトリートメント』を紹介しましたが、教室の中で起きている威圧的な指導や過度な叱責、あるいは教員が特定の児童生徒のことを無視するといったことも、「エデュケーショナル・マルトリートメント」の一部と考えられます。

正直、保護者のひとりとして、わたしにとっても耳の痛い話です。大人の目線から見ればよかれと思って子どもに促していること、やらせていることも、場合によっては、本人の受忍限度を超えて、マルトリートメントとなる可能性もあるのですから。

生きづらい子どもたち

２０２２年、小学生17人（前年11人）、中学生１４３人（前年１４８人）、高校生３５４人（前年３１４人）。これは何の数字だと思いますか？

児童生徒の自殺者数です（文科省「児童生徒の自殺予防に係る取組について（通知）」２０２３年7月10日を参照）。総数でみると、２０１６年以降増加トレンドですし、コロナ下で中高生の自死が増えています。

なお、夏休み明けの自殺が多いことはよく啓発されますが、月別のデータを見ると、他の月（１月など）も多いです。２０２３年のデータでは4月も多くなっています。

原因、背景にはさまざまなものがあるし、あとになっては分からないことも多いですが、参考にしたいのは、次ページの図5-6です。これは遺書やサイトへの書き込みなどをもとに、自殺の原因と思われるものを1人3つまで計上したものです（2009年～2021年について集計）。

中学生、高校生では、「学校問題」というカテゴリーが多いですね。この中では学業不振、進路に関する悩み、学友との不和などが比較的多いです。いじめは比較的少ない。「家庭問題」という背景の中では、親子関係の不和や家族からの叱責が比較的多いです。なお、「健康問題」という原因でうつ病なども挙がっていますが、健康を害した背景を考えるべきでしょう。

このように自殺の背景について考察すると、その中には、教育の強制や過剰、やりすぎ、あるいは剥奪という「エデュケーショナル・マルトリートメント」と思われるものも多いのではないか、と推測できます。

つまり、大人のわたしたちや社会が、中高生らを生きづらくさせている部分がないのか、真摯に向き合う必要があるのではないでしょうか。

中高生の1週間を書き出してみよう

日本社会の価値観や当然視してきた慣習を変えていくことは、たいへん労力のかかることだし、困難を伴います。ですが、せめて、学校教育の中から、もう少し気をつけることや、ゆるやかにしていくこともあってもいいのではないでしょうか。学校にばかりがんばれと申し上げたいわけではありませんが。

大分類	小分類	小学生(n=124)				中学生(n=1,334)				高校生(n=3,236)			
		男子(n=64)		女子(n=60)		男子(n=823)		女子(n=511)		男子(n=2,076)		女子(n=1,160)	
家庭問題	親子関係の不和		4.7		18.3		5.8		14.9		6.1		8.4
	夫婦関係の不和		0.0		0.0		0.0		0.0		0.0		0.2
	その他家族関係の不和		4.7		3.3		1.9		2.3		1.5		3.1
	家族の死亡		0.0		0.0		0.4		0.6		0.5		1.0
	家族の将来悲観		0.0		0.0		0.9		0.8		0.5		0.8
	家族からのしつけ・叱責	35.9	25.0	38.3	20.0	19.8	10.7	26.0	7.8	13.2	3.6	17.6	4.2
	子育ての悩み		0.0		0.0		0.0		0.0		0.0		0.0
	被虐待		0.0		0.0		0.1		0.0		0.1		0.2
	介護・看病疲れ		0.0		0.0		0.1		0.0		0.0		0.0
	その他		3.1		1.7		0.9		2.0		1.9		1.6
健康問題	身体の病気		0.0		0.0		0.9		1.4		2.1		2.2
	うつ病		0.0		1.7		2.6		5.3		5.9		13.6
	統合失調症		0.0		0.0		0.4		0.4		2.0		5.3
	アルコール依存症	1.6	0.0	6.7	0.0	7.5	0.0	15.5	0.0	15.5	0.0	31.8	0.0
	薬物乱用		0.0		0.0		0.0		0.0		0.1		0.1
	その他の精神疾患		0.0		3.3		2.9		7.2		4.8		11.4
	身体障害の悩み		0.0		0.0		0.2		0.4		0.2		0.3
	その他		1.6		1.7		1.0		1.4		1.1		0.8
経済・生活問題	倒産		0.0		0.0		0.0		0.0		0.0		0.0
	事業不振		0.0		0.0		0.0		0.0		0.0		0.0
	失業		0.0		0.0		0.0		0.0		0.0		0.0
	就職失敗		0.0		0.0		0.0		0.0		0.5		0.3
	生活苦		0.0		0.0		0.0		0.0		0.1		0.3
	負債(多重債務)	0.0	0.0	0.0	0.0	0.0	0.0	0.0	0.0	1.3	0.0	0.9	0.0
	負債(連帯保証債務)		0.0		0.0		0.0		0.0		0.0		0.0
	負債(その他)		0.0		0.0		0.0		0.0		0.1		0.0
	借金の取り立て苦		0.0		0.0		0.0		0.0		0.0		0.0
	自殺による保険金支給		0.0		0.0		0.0		0.0		0.0		0.0
	その他		0.0		0.0		0.0		0.0		0.4		0.3
勤務問題	仕事の失敗		0.0		0.0		0.0		0.0		0.0		0.1
	職場の人間関係		0.0		0.0		0.0		0.0		0.1		0.2
	職場環境の変化	0.0	0.0	0.0	0.0	0.0	0.0	0.0	0.0	0.2	0.0	0.5	0.1
	仕事疲れ		0.0		0.0		0.0		0.0		0.0		0.0
	その他		0.0		0.0		0.0		0.0		0.1		0.2
男女問題	結婚をめぐる悩み		0.0		0.0		0.0		0.0		0.0		0.0
	失恋		0.0		0.0		1.7		1.6		5.3		4.5
	不倫の悩み	0.0	0.0	0.0	0.0	2.3	0.0	2.9	0.0	7.8	0.0	9.5	0.2
	その他交際をめぐる悩み		0.0		0.0		0.7		1.4		2.3		4.5
	その他		0.0		0.0		0.0		0.0		0.5		0.8
学校問題	入試に関する悩み		1.6		1.7		4.3		4.3		5.2		3.4
	その他進路に関する悩み		1.6		5.0		6.1		6.3		11.9		8.9
	学業不振		6.3		5.0		10.8		9.2		13.0		6.0
	教師との人間関係	21.9	0.0	21.7	0.0	31.0	1.5	38.6	1.2	35.6	0.6	27.9	1.0
	いじめ		0.0		5.0		1.9		2.7		0.4		0.9
	その他学友との不和		7.8		8.3		4.0		12.3		3.9		6.6
	その他		7.8		1.7		6.7		9.0		5.6		5.3
その他	犯罪発覚等		0.0		0.0		1.0		0.2		0.9		0.3
	犯罪被害		0.0		0.0		0.1		0.0		0.0		0.3
	後追い	1.6	0.0	3.3	0.0	6.4	0.4	8.4	0.2	9.2	0.1	7.7	0.5
	孤独感		0.0		0.0		0.9		2.3		2.6		2.8
	近隣関係		0.0		0.0		0.0		0.0		0.0		0.1
	その他		1.6		3.3		4.1		5.7		5.7		3.9
不詳		46.9		41.7		43.4		28.6		31.2		23.5	

図 5 - 6 学校の種別、男女別にみた自殺の原因・動機の割合

注)自殺統計において、自殺の原因・動機の判断資料に掲げる「遺書」「自殺サイト・メール等書き込み」「その他の生前の言動(これを裏付ける資料がある場合)」に該当箇所があった場合に、明らかに推定できる原因・動機を自殺者 1 人につき 3 つまで計上可能としており、自殺の原因・動機の判断資料に掲げる「該当なし」を選択した場合等は不詳が選択される。異なる大分類、あるいは同一大分類内で複数の原因・動機が計上可能であるため、不詳を含む各原因・動機の割合の和は必ずしも100と一致しない。また、大分類の中での小分類の各割合の和も、その大分類全体の割合と必ずしも一致しない。

出所)厚生労働省(2022)「令和 4 年版自殺対策白書」p.83

たとえば、中学校などでよく実施している生徒へのアンケートや生活ノートといった方法にのみ頼るのは、リスクを見逃すことになりかねません。ホンネを書かない子もいるからです。それらの必要性が高いのか再検討して一部はやめてもいいでしょう。代わりに部活動の休養日を増やしてでも、この日の夕方は相談にのれるという時間を設定してはいかがでしょうか（学級担任に限らず、生徒が指名できる方式で）。

わたしがやってみたいワークがひとつあります。中高生に協力してもらって、ある1週間、何をしたのか、おおよそのスケジュールをメモすること、生活ログをとることです。授業、部活、友達とのやりとり、塾、家庭学習、家族との語らい、趣味や遊び、睡眠などにどのくらいの時間をかけているでしょうか。

そうして可視化してみると、思った以上に中高生の生活時間に自由がないなとか、もう少し睡眠時間をとったほうがよいのではとか、子どもから見ても、大人から見ても、なにかしら思い当たることが出てくるはず。また、本人たちに、この時間は楽しい、充足感がある、それともストレスが高いなどで、分類してもらってもいいでしょう。

24時間をどう使うかは、本人次第ですから、大人のわたしたちが過保護に言いすぎてもいけないと思います。ですが、そうした実績データを見ながら、本当に今の学校教育でいいのか見つめ直すことは、大切な出発点になるのでは、と思います。

4／好きなことをして成功する「ダークホース」

「レールを外れるな」という考え方を見つめなおす

成績のよい、ある生徒が「先生、やりたいことがあるんで、高校（あるいは大学）に行くのはやめます」と言ってきたら、あなたなら、どう返答しますか？　実際、最近、うちの子どもの友達が大学を辞めて、声優をめざすようになったときは、びっくりしました。

「夢は大事だけれど、うまくいくことばかりじゃないし、高校（大学）に行ったほうがよいと思う」とか「高校（大学）に行ったあとでも、やりたいことはできるよ」といった反応をする保護者や教員は多いのではないでしょうか。

その子の気持ちや思いはなるべく大事にしたいと思う親や先生は多いでしょうが、やはりスタンダードな進路、レールから外れることはリスクが高いと考える大人が多いと思います。

わたしも保護者のひとりとして、息子・娘がそう言ってきたら「よし、じゃあ好きなようにやってみなさい」と断言できるかと言われれば、自信がありません。

そんなわたしたちの考えに揺さぶりをかけてくるのが、トッド・ローズ、オギ・オーカス著、大浦千鶴子訳（2021）『Dark Horse――「好きなことだけで生きる人」が成功する時代』（三笠書房）です。

この本では、予想を覆して勝利する人々、今まで見向きもされなかったのに突然快進撃をはじめ勝者となる人のことを「ダークホース」と呼び、彼ら・彼女らの成功要因をハーバード教育大学院の研究者が分析しています。競馬で大穴が番狂わせを演じる様になぞられています。

トッドらによると、**従来の成功法則は、「明確な目標（目的地）を設定し、懸命に取り組み、いかなる障壁に直面しようとも目的地に到達するまでコースから外れるな」というもの**でした。

たとえば、将来は医者になるという明確な目標を立てて、小さい頃から受験勉強をがんばって医学部に入る。途中で学校を中退したり、別の職を転々としたりはせず、つまり、回り道はせず、なるべく早く医者になるような生き方です。

「いい大学に入れば、いい会社に就職できて、一生安泰」といった信仰は過去のものになりつつあるとはいえ、上記のような従来型の成功の捉え方は、学校で叩き込まれてきた思考と言えるのではないでしょうか。

トッドらもこうした生き方や成功を否定しているわけではありません。が、**「別の生き方もあるよ」**ということを強調しています。それが「ダークホース」たちを見ていると、よく分かるのです。

型破りなルートで成功する「ダークホース」たち

この本では、たくさんの興味深い人物のストーリーが語られており、さながらＮＨＫの番組『プ

ロフェッショナル　仕事の流儀』を観ているような気持ちになります。

ジェニー・マコーミックはそのひとりで、冒頭に登場します。彼女は高校中退のシングルマザーですが、ある出来事がきっかけで天体観測にのめり込み、独学を続けます。ついには、２００７年に新しい小惑星を発見しました。ウィリアム・ハーシェルが１７８１年に天王星を発見して以来、アマチュアとして初めての新惑星発見の快挙でした。

イングリッド・カロッツィも「ダークホース」のひとり。彼女は、ニューヨークで最も称賛されるフラワー・アーティストのひとりとして大成功しています。しかし、30代半ばまでは職を転々として、フラワーデザインに関わったことはありませんでした。大学も中退しています。たまたま舞い込んできたある仕事をきっかけに才能を開花させていきました。

ほかにも、オペラ歌手、犬の調教師、美容師、花屋の経営者、外交官、ソムリエ、大工、操り人形師、建築家、遺体整復師、チェスの名人、助産師など、トッドらはありとあらゆる専門家にインタビューしました。**多くの達人が学校では落ちこぼれだったり、中退していたりしていました。**そして突然、まったく違う職種に転向していたのです。

「インタビューに応じてくれたダークホースの誰もが、型破りなルートを辿って成功している」、そうトッドらは断言しています（p.37）。

従来型の成功法則は古くなった

トッドらが強調しているのは、社会が大きく変化していることです。従来は産業化社会で、工場生産を基盤に、大量に効率的にモノを作って売っていた時代でした。トッドらは「標準化時代」と呼んでいます。

この時代には、「レールから外れるな。出世の階段を登って、富と地位を獲得せよ」という成功法則が称賛されてきました。この本では日本のことはほとんど触れられていませんが、日本の場合、企業等の終身雇用も相まって、米国などより一層、この成功法則は人々の心を捉えてきたように、わたしは感じます。

しかし、**いまは「個別化の時代」**である、と著者らは述べます。たとえば、Netflixなどで好きなドラマや映画を観て、Amazonで何万もある商品からほとんどなんでも買うことができ、YouTubeではマスコミでは取り上げないようなマニアックな内容がたくさん配信されています。これらは個人の興味や関心、行動に合わせてサービスを最適化しています。X（旧Twitter）、FacebookなどのＳＮＳも、閲覧履歴などをもとにニュースフィールドをカスタマイズするなど、個別化しています。

子育てしていて実感しますが、YouTubeでは、子どもがおままごとや玩具で遊ぶ様子の動画が大人気です（何百万回も再生）。大人の感覚では、他人が遊んでいる様子を見て楽しいのかなと思うのですが、好きな幼児は多いようです。こうした〝サービス〟で儲かるなんてことは、少し前までは思いつかないことでした。

つまり、消費者の立場からすれば、個々人の好みや趣味を存分に楽しむことができるサービスがこの10年、20年の間に格段に増えています。これを提供者の立場から見れば、好きなことをしてその延長線上に仕事、新しいサービスをつくっていきやすい時代になってきているということです。

小学生の将来の夢にユーチューバーがランクインしてくるわけです。いま30代以上のわたしたちが子どもだった頃は、ユーチューバーという選択肢はなかったですよね。

トッドらの主張をやや意訳することになりますが、大量生産の「標準化時代」は「みんなと同じようにやる」ことが重視されてきました。マニュアル通りに業務を進められること。上司の指示や顧客から依頼されたことを卒なくこなせることなどです。ただし、出世、成功するにはみんなよりうまくやる必要はありましたが。

学校教育も基本このモデルのまま、今日までずっと続いています。同じ年齢の子どもで区分けをして、ひとつの学級では同じ教科書を使い、先生が説明して、同じ練習問題等を解いてという流れが主流です。学力が高い子もいれば、低い子もいる。個々の子どもの興味、関心もバラバラ。ですが、基本は「みんな同じように」を重視してきました。

「進路指導」というものもこの延長線上にあります。とりわけ高校入試を控えた進路指導では、かつてのような偏差値偏重はなくなったとはいえ、いまも学力で輪切りにして、「君ならワンランク上の高校を目指せるよ」といった会話をしています。従来型の成功法則が前提に敷かれているように思います。

わたしたちの考え方や進路指導は、本当にこのままでいいのでしょうか。

充足感が先、成功はあと

「ダークホース」な達人の中には、高校や大学を中退したり、職を転々としていたりする人も多くいます。日本社会では一時期「勝ち組」「負け組」といった言葉が流行りましたが（こうした表現の是非は別途議論されるべきでしょうし、わたし自身はあまり好きではありませんが）、ある一時期をとると、ダークホースたちの人生は「負け組」と見なされるようなときもあります。ですが、彼ら、彼女らは道を切り開いたわけです。

どうやってダークホースたちは成功してきたのでしょうか。トッドら（2021）では実に個性的で多彩なダークホースたちが登場しますが、ひとつだけ、どのダークホースにも共通する点があることが分かりました。彼らは**「充足感（fulfillment）」を何よりも大切にしている**のです（p.38）。「充足感が先。成功は後からついてくる」とも本書では述べられています。わたしなりに解釈すると、「好きこそ物の上手なれ」ということわざと似ているように思います。やっていて幸せだなと感じられるものにのめり込むことで、スキルが高まり、より多くの人に貢献したり、喜ばれたりするようになるのだと思います。

「何かに成功すること」で充足感を得たのではなく、「自分自身にとってかけがえのないことに熱心に取り組むこと」で充足感を得たのだ。（p.40）

小さなモチベーションを見つける

ひとつの例として、家やオフィスの片付け、オーガナイズを仕事にしたコリンの話が出てきます。「私自身のクロゼットに入って行って、あれこれ並べ替えるだけで一段といい人生を送っている気分になるの」、そう彼女は述べます。『人生がときめく片づけの魔法』が世界的な大ベストセラーになった、こんまり（近藤麻理恵）さんを彷彿とさせるエピソードです。

もう少し「ダークホース」の例を紹介しておきましょう。アルバロ・ジャマリオは、よく移動し、色彩豊かで、見つけにくい生物に心が惹かれます。鳥が好きで生物学の博士課程に進んだのですが、鳥はおもしろくないから、ハキリアリを研究するように、と教授から指示されました。しかし、彼は気づきます。

ジャングルに行って、はたと気づいたんだ。僕はアリに興味をもてないって。なるべく周りにいる熱帯の鳥類たちを観ないようにしたんだけれども、ついつい目が行っちゃってね。で、ようやく気づいた。僕は鳥が大好きなんだって。充足感が違うんだよ。（p.90）

アルバロは、博士課程をやめて起業し、顧客を世界中の野鳥観察ツアーに案内しています。

ソール・シャピロは球のでこぼこを探り、サンドペーパーで滑らかにするのが大得意です。かなり変わった趣味、趣向の人だなと思われたかもしれませんが、その特技を生かして彼は57歳のときに起業します。２０１５年には雑誌『ニューヨーク』から「市内で最高の本革製ソファ修理人」に選定されました。

コリンやアルバロ、ソールの例のように、**個人的な細分化された「小さなモチベーション（Micro-Motive）」が、自分らしく物事を成し遂げていく人生において何より不可欠だ、**とトッドらは述べます（p.89）。言い換えれば、ちょっと変わった興味や偏った好みに突き動かされる、ということです。

「小さなモチベーションを見つける」が、ダークホース的な発想の最重要かつ第一の要素なのだ。あなた自身の好みや関心、興味を尊重せずに、「標準化されたシステムが考えるあなたの好み」に沿って進むと、良くないことが起きる。（p.93）

学校教育は充足感を大事にしているか？

さて、ここで、こんにちの、あるいはこれまでの学校教育について振り返りましょう。家庭教育にも言えることだと思います。わたしたちは子どもたちの充足感や「小さなモチベーション」を大切にしてこられたでしょうか。

むしろ、何かに熱中している子どもに対して「今はその時間じゃない」とか「少しガマンしようね」「これだけ得意でも、受験に関係する勉強ができないと、将来困るよ」などと言ってきた方が多いのではないでしょうか。

自戒を込めて書いていますが、教員や保護者は、むしろ子どもたちの可能性や探究の芽を押さえつけてしまったのかもしれません。

たとえば、再び、進路指導の功罪について考えましょう。成績に大きなデコボコがある生徒（中学生）がいたとしましょう（花子さんと呼んでおきます）。花子さんは熱帯魚など生き物の世話が大好きで、いつまでも観察していられるという性格です。理科はいい成績なのですが、数学や英語は、てんでできません。おそらく、多くの場合、学校の先生も保護者も花子さんに「魚の世話はほどほどにして、受験勉強もしっかりがんばろうね。そうじゃないと、ある程度の高校に行けないよ」と言うのではないでしょうか。

このアドバイスが功を奏することもあるかもしれませんが、花子さんの学習への動機付けをむしろ低下させてしまうなどの逆効果や副作用のほうが大きい場合もあります。また、教員や保護者のこうした言葉がけや考え方は、標準化時代のものです。ひょっとすると、花子さんが生き物への興味を広げて、深めていけば、わたしたちには想像もできなかった仕事を始めるかもしれません。

これまでの学校や指導が悪いことばかりだと申し上げたいのではありません。ですが、これだけ世の中は大きく変わってきています。わたしたちが当たり前と思ってきたものの見方や固定観念も、少し立ち止まって見つめ直したいと思います。

よかれと思ってわたしたちが言ってきたことは、本当に妥当なものだったのだろうか。そもそも、わたしたち大人の考えの前提が古い見方をベースにしていないだろうか。進路指導も「アンラーニング」が必要だと思います。

VI

仲良くケンカする
——組織の中の多様性

1 「多様性」の科学

なぜ、多様性が大事なのか

はじめに、米コロンビア・ビジネス・スクールでの実験を少し紹介したいと思います。被験者を特定のグループに分けて、複数の殺人事件を解く課題を与えました。各グループには、証拠やアリバイ、目撃者の証言などさまざまな資料が提示されました。グループの半数は4人の友人で構成され、残りの半分は友人3人とまったくの他人が1人という構成です。

さて、どちらのグループの成績がよかったでしょうか？

この話はマシュー・サイド（2021）『多様性の科学』（ディスカヴァー・トゥエンティワン）という本で紹介されています。結果は、他人を含めたグループの正答率が75%、友人ばかりのグループは54%、個人で取り組んだ場合は44%だったそうです。

他人を含めたグループは、苦労はしますが、多角的な視点でさまざまな議論がなされ、反対意見も多く出ました。一方、友人ばかりで構成されたグループでは、気持ち良く話し合いが進みましたが、みな似たような視点で、お互いに同意し合うことがほとんどでした。その結果、盲点を指摘されることはなく、自分たちの考え方や議論の問題に気づくことができなかったために、正答率が落ちたのです。

この実験から示唆されるのは、アイデアを出したり、判断したりするときに、組織の中に多様性が高いほうが有利に働くケースがある、ということです。

「多様性」という言葉は、一種のマジックワードになっています。「多様性が大事だ」と言われると、たいていの人はなんとなく納得し、強い反対はしないケースがほとんどでしょう。ですが、組織やチームの中で、多様性が高いほうがなぜ良いのかについて、あまりきちんとした説明ができる人は多くいません。

前掲の『多様性の科学』では具体的な実例や実験結果などから、多様性を高めることの意味について解説してくれています。この本を参考に、わたしなりにアレンジしたのが次ページの図6-1です。

長方形は、ある問題解決などの際に必要となる知見の範囲だと考えてください。円は、その人がカバーしている知見の範囲です。

左側の図は、かつての、数十年前の昭和の学校運営のイメージです。校長の豊かな経験や見通しによって、ある程度の問題がうまく処理できていた時代を図示しています。昔の学校のほうが暴力事件や非行なども多くて大変だったなどの見方もあるとは思いますが、ここではひとまず、そうイメージしました。

※長方形は、特定の問題解決やゴール達成に必要となる知見（洞察力、視点、考え方、経験等）の総範囲。円は、その人がカバーしている知見の領域。
※あくまでもイメージ図、過度に単純化した図解であり、実際はさまざまなケースがありうる。

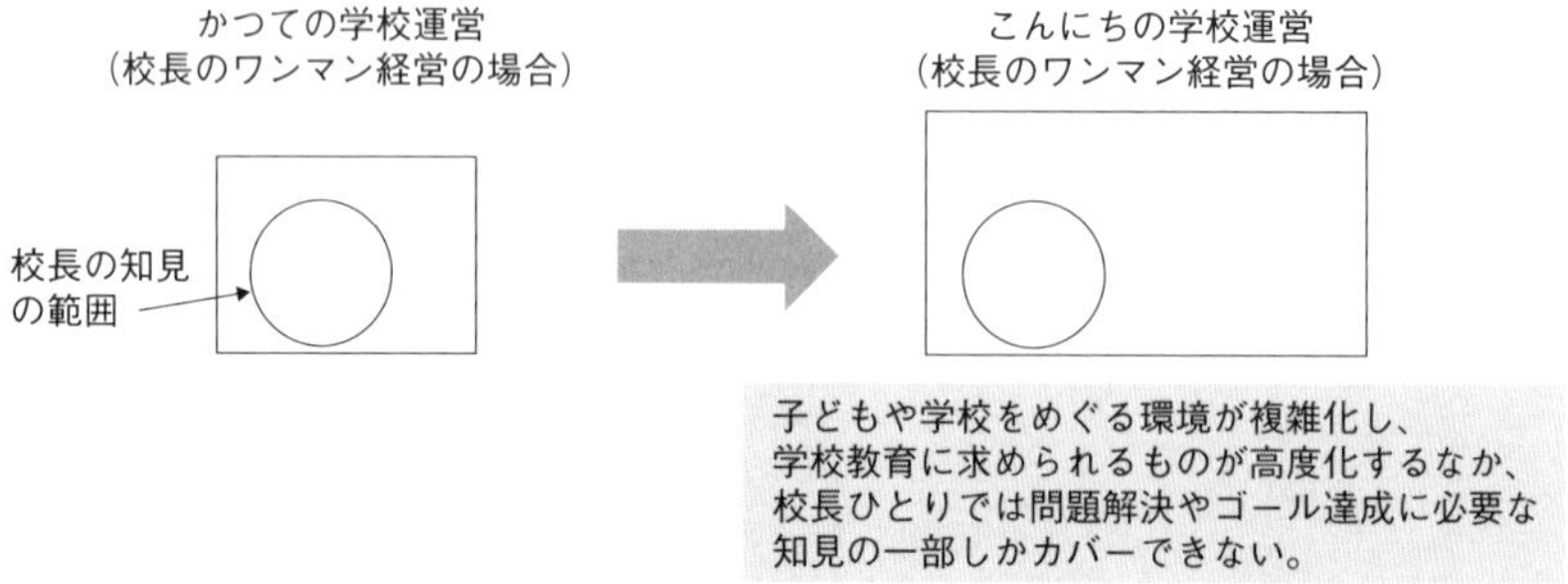

図6－1　かつての学校運営とこんにちの学校運営
出所）マシュー・サイド（2021）『多様性の科学』を参考に妹尾昌俊作成

こんにちは、VUCAの時代だと言われます。学習指導要領の改訂の際などでもよく言われる、変化が激しく予測困難な時代にわたしたちは生きている、ということですね。図6-1の右のほう、長方形がかつてより広がっていると捉えることができます。校長がいくら優秀でもひとりの知見では限界がありますから、対処できない問題などが多くなってきていることを図示しています。

あなたの学校では、多様性は高いか

次に、図6-2は、集団、組織での状況を指しています。

左側は、同質性の高い集団の場合です。学校では、大多数を占めるのは教員であり、学校や地域によっても違いはありますが、バックグラウンド（育った家庭環境など）や価値観が比較的似通っている場合もあります。もちろん、子どもたちや仕事を通じて、さまざまな経験や学習をしているので、一概には言えないの

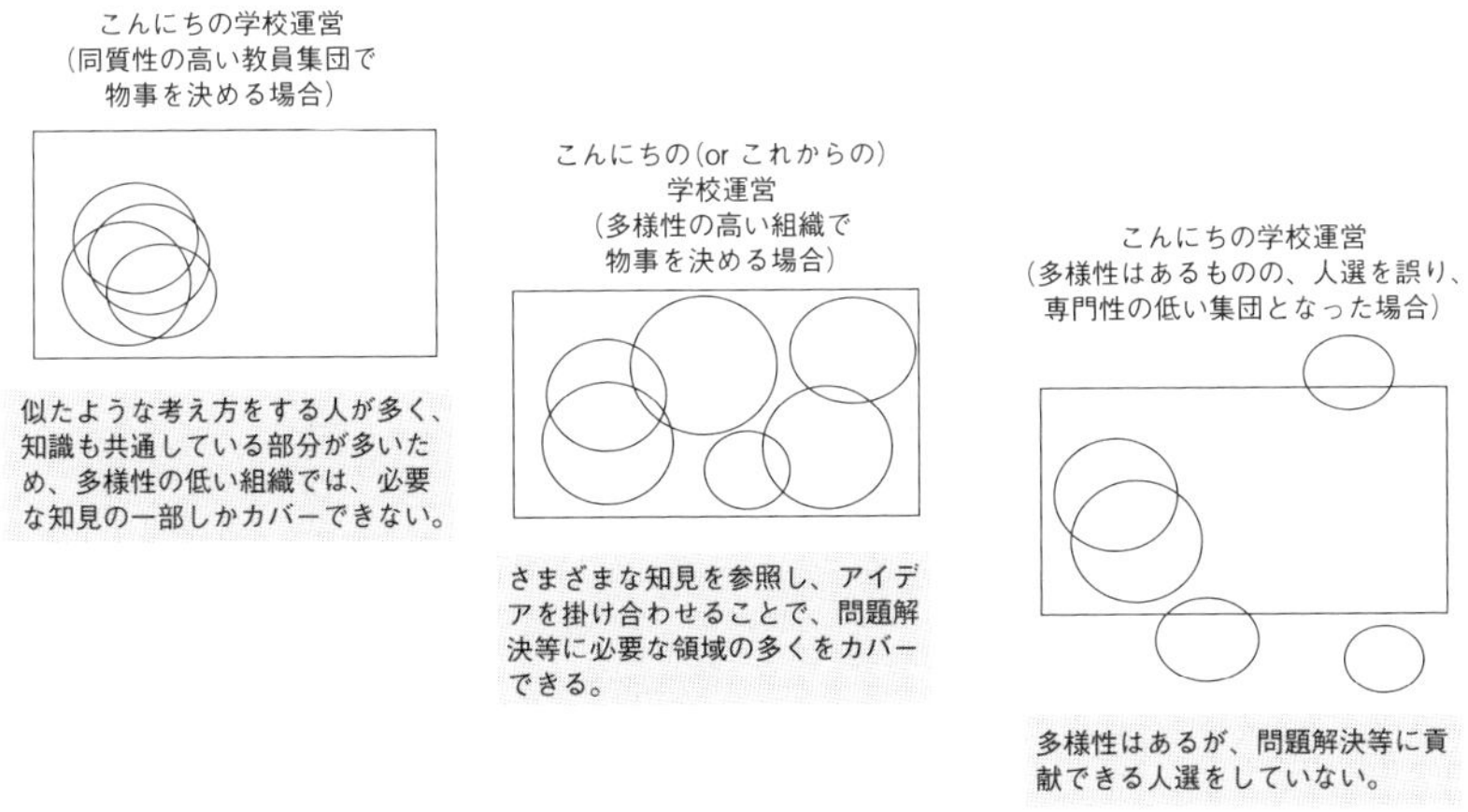

こんにちの学校運営
（同質性の高い教員集団で
物事を決める場合）
似たような考え方をする人が多く、知識も共通している部分が多いため、多様性の低い組織では、必要な知見の一部しかカバーできない。
こんにちの（or これからの）
学校運営
（多様性の高い組織で
物事を決める場合）
さまざまな知見を参照し、アイデアを掛け合わせることで、問題解決等に必要な領域の多くをカバーできる。
こんにちの学校運営
（多様性はあるものの、人選を誤り、
専門性の低い集団となった場合）
多様性はあるが、問題解決等に貢献できる人選をしていない。

図6－2　同質性の高い集団と多様性の高い集団の比較
出所）マシュー・サイド（2021）『多様性の科学』を参考に妹尾昌俊作成

ですが、ここでは、学校組織の多様性は高いとは言えない、と捉えています。学校事務職員をはじめとする教員以外のスタッフや生徒、保護者などの知見はあまり参照されないし、活用もされない学校をイメージしています。

左側の図で示しているのは、校長と多少の違いはあれ、**似通った考えをする人が多い画一性の高い集団なので、円のカバーする領域がかなり重なる**ということです。結果、盲点となるところや、苦手なところがカバーされていません。

望ましいのは、図6-2の真ん中です。多様性の高い集団になれば、さまざまな知見を参照し、アイデアを掛け合わせることで、問題解決などに必要な領域をかなり広くカバーできるようになります。

一方、図6-2の右は、多様性はあるものの、その問題解決などに詳しくない人を集めている場合です。素人の発想が案外本質を突いているときや専門家に気づきを与えるときなどもありますが、問題解決などに必要な領域をカバーできる知見を持ち合わせていない人を集めたところで、たいして役立たないことを図では示しています。

さて、みなさんの学校、職場は、図6-2で言うと、どれに近いでしょうか。

多様な知識や経験を意思決定に生かす

マシュー『多様性の科学』で紹介されている興味深いエピソードがあります。1980年代末、サッチャー政権が導入を決定した人頭税をめぐる混乱です。人頭税とは従来の固定資産税に代わって、所得に関係なく全国民が一定額を支払う地方税のこと。所得の低い人ほど負担割合が高い、逆進性の強い税でした。街には抗議デモが広がり、「払えない、払わない！」という大声が響きました。ときには軍隊が出動する始末。ロンドンのデモ行進には25万人もの人々が参加し、暴徒化した人々が車を炎上させ、商店の窓ガラスを割り、略奪行為におよぶ事態にまで発展しました。

なぜ、ここまで反対の強い税を導入したのか。

さまざまな背景、要因がありましたが、ひとつは、意思決定における多様性が問題でした。責任者であるニコラス・リドレー環境大臣は、子爵の次男で、大豪邸で育ちました。リドレーに限らず、人頭税の審議委員会のメンバーはみな非常に裕福な家の出身者ばかりでした。「みな頭脳明晰だが、みな同類でもあった」、マシューはそう述べています。多様な知識や経験が特に欠かせない政策決定の場で、画一的な集団に責任が委ねられてしまったのです。

人頭税はとりわけ、特定の高齢者にとって大きな打撃となりました。ロンドン中心部に住む年金受給者夫婦の場合、手取り収入の22％を人頭税に支払うことになったのです。こうした問題を指摘されたとき、リドレー環境大臣はこう答えました。
「そうだな、困ったらいつでも絵を売ればいいんじゃないだろうか」

認知的多様性

「パンがなければケーキを食べればいいじゃない」（マリー・アントワネットの言葉と言われていますが、実際はそうではないらしいです）を思い出すエピソードですが、わたしたちはイギリスの失敗を、笑ってばかりもいられません。

たとえば、文科省などで大学入試改革の議論をするときはどうでしょうか。おそらく、事務局の官僚、審議会の有識者や校長会の代表者、教育長らの多くは、厳しい受験戦争に勝ってきた人たちが多数を占めています。出身高校ないし大学の偏差値で測定すれば、かなり偏りがあるのではないでしょうか。そこでは、「知識詰め込み型の高校教育ではいけない」「入試を変えないと、高校教育は変わらない」といったことが、さも多くの高校生に当てはまるように語られます。しかし、本当にそうなのでしょうか。見方が偏っているかもしれないことを指摘されないまま議論が進んでいくということが起こります。

ひとくちに「多様性」と言っても、さまざまな多様性があります。人口統計学的多様性（性別、人種、年齢、信仰などの違い）のほか、認知的多様性（ものの見方や考え方が異なること）が重要なことを『多様性の科学』は教えてくれます。

国や自治体の審議会などでは、男女比に配慮するなど、人口統計学的多様性は多少なりとも考慮されています（年齢の多様性はあまりないケースも多々ありますが）。人口統計学的多様性が認知的多様性にもつながるケースもありますが、そうとは言えないケースもあります。先ほどの大学入試改革を巡る議論では後者だったのかもしれません。

別の例も考えてみましょう。わたしは、講演・研修などのとき「修学旅行って高くないですか？」という話をよくしています。旅行代金に加えて、お小遣いやバッグ、服なども必要なので、保護者負担は、中学校だと7～8万円、高校だと10万円を超えます（学校によっても違いはあります）。

この話に一番反応がいいのは、学校事務職員です。就学援助などの事務をしていることもあって、保護者負担が重いとつらい家庭があるということを重々知っているからでしょう。

次にこう問いかけます。「では、これまで修学旅行の保護者負担が適正なのか、もっと下げられる余地はないのか、しっかり話し合ったことがある人はどれだけいますか？」。教員向けでも、事務職員向けでも、たいてい会場は静まります。その学年団の先生や旅行会社に任せきりにせずに、見直しをかけることが必要ではないでしょうか。

認知的多様性に富むチームになっているか？

今回紹介した多様性の考え方は、さまざまなところに応用できます。その最たる例が教育委員会会議です。教育長だけでなく、教育委員がいることの意味はどこにあるのでしょうか。教育長や教育委員会事務局の豊かな経験や専門性はもちろん大切なのですが、それらだけでは多様性が低くなり、盲点となるところも出てくるからだと、わたしは捉えています。ただし、いくら認知的多様性のある教育委員の布陣にしても、会議が形骸化しては、意味はありません。

似た話は、コミュニティ・スクール（学校運営協議会）でも言えます。校長や副校長・教頭の専門性は大事ですが、それらだけで突っ走って大丈夫でしょうか、というところが問われています。

ネット社会はむしろ同質性を高めやすい

とりわけ、インターネットでさまざまな情報が大量にやりとりされる昨今は、認知的多様性に問題が生じがちです。ついつい考え方が似た人たちでＳＮＳなどでやりとりしたり、自分の考えにフィットしやすい情報を集めやすかったりするからです（閲覧履歴などから表示もカスタマイズされます）。

わたしの場合、Facebookでは、かなり意識の高い、学校改善などに熱心な校長や教職員と「友達」になっていることが多く、投稿するのもそういう人が多いです。ですが、そうとうバイアスのかかった「仲間内」の情報だなということを、注意するようにしています。実際、Facebook上でかなり話題に上っていたある教育関連ニュースや文科省の施策方針について、講演会でお話ししたところ、参加している校長等の多くはあまり知らない、なんてことがたまにあります。

わたしたちは、多様性の高い賢い集団、チームで意思決定ができているか、さまざまなシーンで考えていく必要がありそうです。

2／両利きの経営

サクセストラップ

「平家物語」を引用するまでもなく、企業にも栄枯盛衰があります。大企業が倒産する、経営不振に陥るといったことは、日本でもよく見られるようになりました。持続的に成長する企業がある一方で、うまくいかなくなる企業がある。両者のちがいはどこで生まれるのでしょうか。

第5章で紹介したブロックバスターが象徴的です。既存事業（同社の場合はＤＶＤレンタル）がうまくいっている企業ほど、その事業を改良したり、拡大したりすることに目が向きがちで、変化への対応が遅れてしまいます。その結果、競合他社や新興企業にイノベーションを起こされて敗北してしまう。これを「サクセストラップ（成功の罠）」と呼ぶこともあります。

両利きの経営

図6-3をご覧いただきながら、次の解説を引用しておきます。[12]

「探索」（Exploration）と「深化」（Exploitation）がキーワードです。「探索」とは、人間

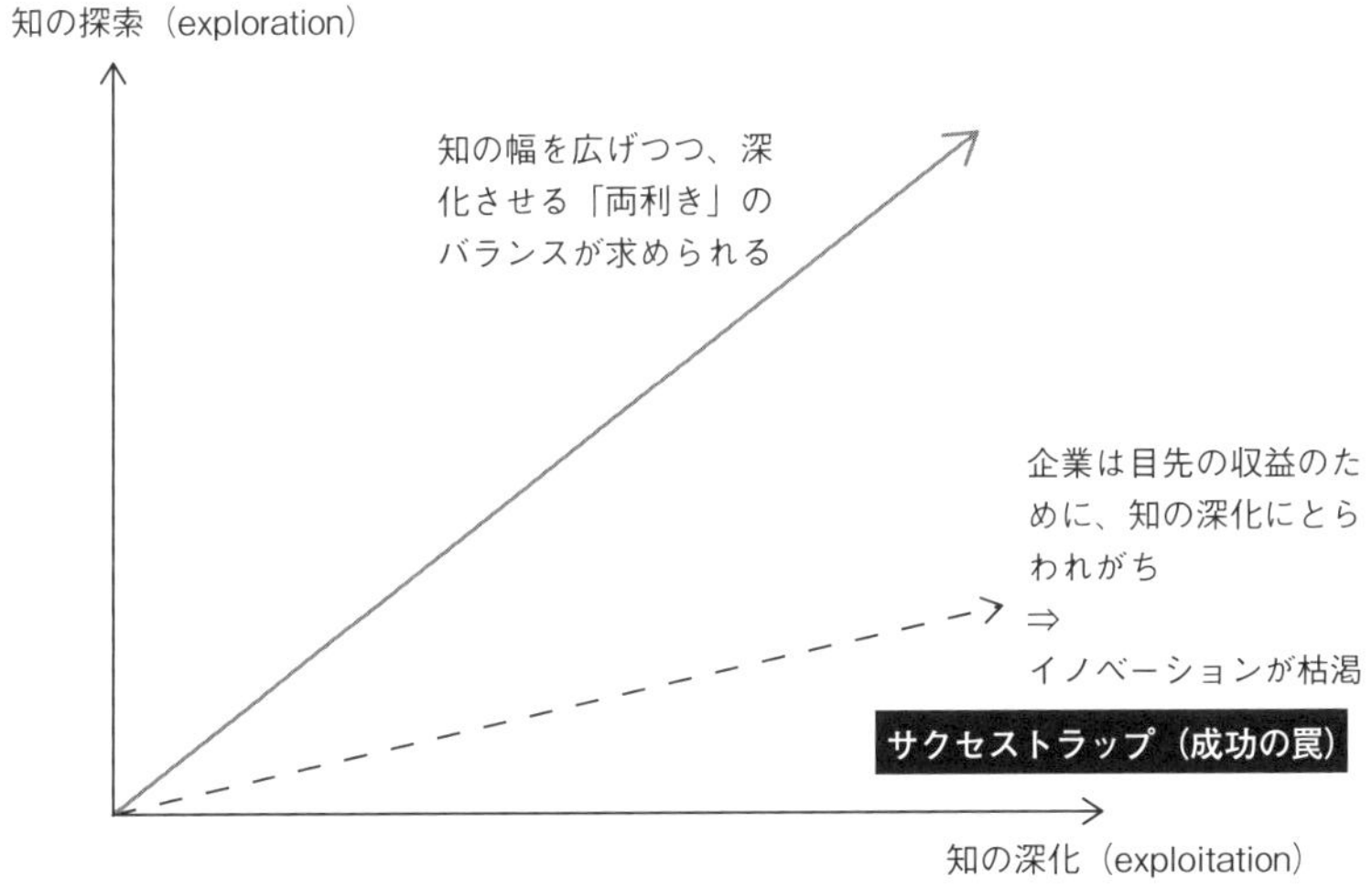

図 6－3　サクセストラップと両利きの経営

出所）チャールズ・A.オライリー、マイケル・L.タッシュマン著、渡部典子訳（2019）『両利きの経営』東洋経済新報社を参考に作成

の認知には限界があるので人は近視眼的になりがちですが、その認知の範囲外にはもっと良い選択肢があることから、自身や自社の既存の認知の範囲を超え遠くを見る活動を意味します。一方の「深化」とは探索などを通じ成功しそうなものを見極めた上で、それを深掘りして収益化していく活動のことです。「探索」をすることでイノベーションのタネを産み、「深化」することで既存の商品やサービスの深掘りにより事業の安定化をはかる。この二つのバランスが重要だという考え方です。

既存事業で成功をおさめている企業にとっては、新しい領域や市場はリスクが高く、また、既存のことをやっているより、新しいことに試行錯誤したりすることは非効率に映ります。人事でも既存事業をうまくやっている人のほうが評価されるケースは多いでしょう。こうなると、知の深化・有効活用ばかりが進み、探索・開拓が進みません。結果、変化を起こしづらくなるのです。

イノベーションを起こすには、**知の深化と探索の両方が必要であり、まるで右手も左手も利き手のように使える「両利きの経営」が必要**というわけです。

コダックの例が有名です。同社はブランド力があり、素晴らしい技術も持っていましたが、フィルムや写真にこだわったために衰退しました（2012年に破産法を申請）。対照的に写真業界でコダックに次ぐ2位だった富士フイルムは、異なる対応をとりました。化粧品、液晶パネル、医薬品開発にも、界面化学の専門知識を応用して新規事業を起こして拡大します。つまり、探索にも力を入れたのです。

知の深化と探索の両方が必要、との示唆は、分かりやすいものの、実行するのは簡単ではありません。それは、企業にとって、時として、矛盾や緊張、対立を生むからです。

探索を進めて新規事業を手がけることは、既存事業とカニバリゼーション（シェアを奪い合う）を起こす可能性もあります。また、（そのときは）順調に進んでいる既存事業にいる従業員からすれば、新規事業は傍流に見えることもあります。米国でいち早くオンライン戦略を成功させたUSAトゥデイであっても、しばらくのあいだ、多くの新聞記者はオンライン部門に敬意を示すことも、協力しようとすることもなかったそうです。

学校経営で「知の探索」は進んでいるか？

少し企業の例が続きましたが、なぜこういう話を紹介したかと言うと、学校でも、知の深化には熱心かもしれないが、知の探索にはなおざりではないか、と思うからです。

もちろん、企業の話と学校を同列では論じられない点も多々あります。とりわけ、公立学校では、倒産することはまずありませんし、イノベーションを起こさないからといって、誰かに出し抜かれるということも、企業ほどシビアではありません。

しかし、だからこそ、公立学校は変化にあまりにも鈍感、臆病ではないか、とも感じられることもあります。私立学校も知の探索をしているかと言えば、クエスチョンですが……。

たとえば、高校ではどうでしょうか。大学受験に向けて生徒たちを動機付けて、勉強させて、ということには長けている教員は多いかもしれません。これは、知の深化に近いことだと思います。

しかし、社会を見渡すと、受験だけうまくいっても不十分であり、生涯にわたって学び続ける力や思考力の重要性はますます高まっています。こんなことはもう10年も20年も前からずっと言われ続けてきたことです。しかし、十分にできている高校はどれほどあるでしょうか。

中学校や高校での不登校の生徒への学びについても、公立校等は遅れをとっているのかもしれません。N高の躍進などを見ると、イノベーションが思わぬところから起きているのかもしれません。「両利きの経営」ができているだろうか。企業の失敗からもヒントを得られるところが多いように思います。

12　本多カツヒロ「ガラパゴス化している日本式経営ではイノベーションは起こりづらい？　『両利きの経営』監訳・入山章栄教授インタビュー」Wedge Infinity ２０１９年６月21日

3／学校は心理的安全な場になっているか？

声の大きな人の意見が通る

「職員でもっと意見を戦わせることが必要ですね」。

先日わたしが講師を務めたある研修会で、中学校の先生がそうおっしゃいました。最近はじっくり話をする場や本音をぶつける場もずいぶん少なくなっている、とのこと。

もちろん、さまざまな学校がありますから一概には言えないのですが、わたしが教職員の方たちから聞くのは、次のようなケースです。

●一部の声の大きな先生の意見が通りやすい。その人がしゃべった後は、しーんとなって、異論や疑問をはさむ人はいない。

●職員会議や学年、行事に関する会議では、情緒的な主張、意見がよく出る。たとえば、「子どもたちがかわいそう」「すべては子どものためです」といった一言で、その後の議論を封じ込めてしまう。根拠や前提を確認したり、論理的に議論をしたりすることは少ない。

●反対意見を述べたり、疑問をはさんだりすると、会議が長引くし、「面倒なヤツ」と思われる雰囲気がある。
●新しいことや挑戦することを言うと、提案した人ひとりがやる（やらされる）ことになりかねない。なので、黙っておく。
●みんな忙しいので、今以上のことはできないと、多くの人ははじめから、あきらめている、思い込んでいる。

「心理的安全性」とは

「心理的安全性」という言葉を聞いたことはありますか？

論者によっても多少定義は異なりますが、心理的安全性とは、対人関係におけるリスクをとっても安全だと信じられる職場環境であることを指します。と言われても、これだけでは少し分かりづらいですよね。逆に「心理的安全性の低い職場とは？」と考えてみたほうが分かりやすいと思います。

先ほど例示したように、意見を出しづらい職場や一部の声の大きな人のアイデアだけで突き進んでいるような職場は、心理的安全性が高いとは言えません。

なお、心理的安全性の定義のなかにある「対人関係におけるリスク」とは、「こんな発言をすると、人事評価のときに不利になるな」とか、「ここであの人に対立するような意見を述べると、人間関係が悪くなってしまうな」などと心配になることを指します。本当にそうなるかどうかが問題ではなく、そういう脅威、リスクを感じてしまって、建設的な意見出しや議論ができなくなってしまうことを問題視しています。

みなさんの学校はいかがでしょうか。あるいは、校長会や教頭会、共同学校事務室などでも心理的安全性は高いでしょうか?

意見を戦わせて、仕事の質を高めているか

石井遼介(2020)『心理的安全性のつくりかた』(日本能率協会マネジメントセンター)によると、心理的安全性とは、**メンバー同士が健全に意見を戦わせ、生産的でよい仕事をすることに力を注げるチーム・職場**のことです。

よく誤解されますが、大学や地域のサークル活動のように、わいわい仲良くしていれば、心理的安全性が高いというわけではありません。

次ページの図6-4は、職場を大きく4つに区分したものです。ひとつは心理的安全性の高さ、もうひとつは業績基準です。業績基準は主に企業研究の言葉なので、学校ではとっつきにくいかもしれませんが、野心的な目標を設定し、協働しているチームかどうか、と捉えていいと思います。

たとえば、いくら職員室の人間関係がよかったとしても、「1人1台端末になったけれど、苦手な先生はまだ使わなくていいよね」という感じで目標や目指すものが低い場合は、「ヌルい職場」ないし「サムい職場」ということになるでしょう。

なぜ、心理的安全性が大事かと言えば、企業などの先行研究によると、心理的安全性の低い職場では、健全に意見を戦わせることはなく、挑戦しようとすることも少ない。うまくいかなかったこ

心理的安全性×仕事の基準（業績基準）

	業績基準が低い	業績基準が高い
心理的安全性が高い	**ヌルい職場** コンフォートゾーンで満足してしまう。 目標は低く、仕事の充実感は低い。 例：仲良しサークル	**学習する職場** 健全な衝突と高いパフォーマンスを重視し、学習して成長する戦場。
心理的安全性が低い	**サムい職場** 余計なことをせず、自分の身を守る。 言われた以上のことはしない。 事なかれ主義。	**キツい職場** 不安と罰によるコントロールが幅をきかせる。 例：助けてくれる人はいないが、ノルマは高い営業チーム

図6－4　職場の4類型

出所）エイミー・エドモンドソン『恐れのない組織』p.44、石井遼介『心理的安全性のつくりかた』p.37をもとに一部加筆修正して作成

と、失敗から学ぶということも少ない傾向があります。つまり、心理的安全性の程度で、組織の学習が違ってくるというわけです。

著名な経営学者、野中郁次郎先生（一橋大学名誉教授）は、イノベーションには「知的コンバット」が必要だ、とよく述べています。ホンダのワイガヤなどが有名ですし、トヨタ自動車も「仲良くケンカする」ということをよく言っていました。みなさんの職場は4類型でいうとどこに近いか、今後どうしていきたいか、考えてみてもらえるとよいと思います。

心理的安全性は〇〇ではない。

心理的安全性という概念は誤解されることも多いようです。第一人者のエイミー・エドモンドソン教授は、次のように述べています。[13]

13　エイミー・エドモンドソン（2021）野津智子訳『恐れのない組織』英治出版を要約。

●心理的安全性は、感じよく振る舞うこととは関係がない。
・心理的に安全な環境で仕事をするとは、誰もがいつも相手の意見に賛成することではない。
・むしろその正反対。心理的安全性は、率直であるということであり、建設的に反対したり気兼ねなく考えを交換し合ったりできるということ。
・どんな職場にも対立は起きる。ただ、心理的安全性があれば、異なる意見をもつ人同士が、どんなところに納得がいかないかを率直に話せるようになる。

●心理的安全性は性格の問題ではない。
・研究によれば、職場で心理的に安全だと感じられるかどうかは、内向性や外向性とは無関係である。
・心理的に安全な風土であれば、その人の性格にかかわらず、アイデアを提供し、懸念を述べられる。

●心理的安全性は、目標達成基準を下げることではない。
・心理的安全性とは、高い基準も納期も守る必要のない「勝手気ままな」環境のことではない。
・職場で「気楽に過ごす」という意味ではない。

要するに「ぬるま湯」組織ではいけないということですね。

タスク・コンフリクトとリレイションシップ・コンフリクトは分ける

「どんな職場にも対立は起きる」ということを引用しましたが、対立やコンフリクトにはいくつかの種類があります。とりわけ、仕事の内容に関する意見やアイデアの対立を意味する**「タスク・コンフリクト」**と、人間関係上の敵意や怒りがもたらす対立を意味する**「リレイションシップ・コンフリクト」**は分けて捉える必要があります。あるいは論者によっては、仕事自体ではなく、役割や権限責任、締め切り、仕事配分についての対立を「プロセス・コンフリクト」と呼ぶ人もいます。部署間で「自分の担当ではない」となすりつけたりすることです（お役所ではよく起こりますね）。

学校ではいかがでしょうか。アタマではこうした区別は理解できても、現実には混同されるときや、うまく整理できないシーンも少なくないのではないでしょうか。

たとえば、ある授業研究の場で採用1～2年目の若手が大学で勉強してきたことをもとに先輩教員やベテランに意見を述べたとします。授業観や指導方法にはさまざまな捉え方ができると、タスク・コンフリクトと捉えればよいかもしれませんが、「アイツは生意気だ」となると、リレイションシップ・コンフリクトとなります。

あるいは、教頭や学校事務職員の方はよく実感されているかもしれませんが、提出物の期日に遅れる先生も少なくないようです。これはプロセス・コンフリクトと言えそうですが、「あの人はルーズな人だ」本人の資質の問題だと捉えると、リレイションシップ・コンフリクトともなり、職場の関係性がややギクシャクします。

うまく区分できないケースもありますが、学校においても、**アイデアや考え方を議論している、戦わせているだけであって、その人の人格や過去、現在を否定しているわけではない**、ということは、認識、共有していく必要があるのではないでしょうか。ある研究によると、心理的安全性が担保されている状況下では、タスク・コンフリクトがあっても、それは業績にプラスに働くようです。

学校改善や授業改善、よりよい生徒理解（児童理解）のためには、たいてい、ひとりの人間の認識や知見では限界があります。盲点が出てきますから、タスク・コンフリクトがあったほうが、より複眼的な思考、批判的な思考ができたり、複数のアイデアを組み合わせたりして、よりよいものになると思います。

たとえば、ある担任の先生は登校しぶりをしている児童に対して、「明日は学校に来れるよね。先生と約束ね」という声がけをしていたとしましょう。あるスクールソーシャルワーカーは、この子にとってこの担任の言葉がむしろ心理的に重しになって、登校から遠のいてしまうこともある、と指摘していました。こうした気づきやアイデアは、この子にとっても、担任の先生にとっても大事だと思います。

それぞれの専門性や職分、役割などは尊重しつつも、ときには越境して、どんどん指摘して、ヘルシーなコンフリクトを歓迎するくらいのほうがよいのではないか、と思います。

心理的安全なチームは何が違うのか

関連して、心理的安全性が感じられる組織、チームにはどういった特徴があるのでしょうか。

石井遼介さん（前掲書）は6千人・500の日本のチームの心理的安全性を計測し、研究してきました。そこで分かったのは、心理的安全性の高いチームでは、**①話しやすさ、②助け合い、③挑戦、④新奇歓迎**の4つの因子が影響している、ということでした。

①話しやすさとは、みんながこれだと思っているときでも、反対意見があれば、それを表明できるかどうか。問題やリスクに気づいたときに声をあげられるか。知らないことや、分からないことがあるとき、尋ねられるかなどです。

②助け合いは、問題が起きたとき、人を責めるのではなく、建設的に解決策を考える雰囲気があるか。チームのリーダーやメンバーはいつも相談にのってくれるか。このチームは減点主義ではなく、加点主義かなど。

③挑戦とは、チャレンジすることが損ではなく、得なことだと思えるか。前例や実績がないことでも、取り入れることができるか。多少非現実的なアイデアでも、チームに共有してみよう、やってみようと思えるかなど。

④新奇歓迎とは、強みや個性を発揮することが歓迎されているか。常識にとらわれず、さまざまな視点やものの観方を持ち込むことが歓迎されるか。目立つことがリスクではないと思えるかなど。

どうでしょうか。みなさんの職場、チームは4つの視点で心理的安全性が高いと言えそうでしょうか？

4／パワハラ上司を科学する

マズイ事例から学んでいますか？

4月などに新しく、場合によっては突然、校長、副校長・教頭、事務長、もしくは行政の長（教育長、部課長等）になった方もいることと思います。あるいは、管理職でなくてもミドルリーダーやベテランとして、若手育成に携わっている人も多いと思います。

そんなとき、悩ましいことのひとつが、どこまで同僚・部下に厳しいことを伝えられるか、指導できるかということではないでしょうか。「最近はすぐにパワハラだと言われかねないので、厳しいことが言えない」「この頃の新採はちょっと言うと、すぐに泣きだす」と言う校長等にも何人か会ったことがあります。

わたしは、管理職や事務職員の研修講師をする機会が多いのですが、次のワークを今度やってみたいと思っています（開催したい人はメールでご相談を）。全然難しくありません。

「ご自身のこれまでの職業人生のなかで、校長や教頭等からされて、イヤだったこと、傷ついたこと、問題だなと思ったことはなんですか？」

この問いについて、少し思い出しながら、書き出してみる。そのあと、3～4人で発表したあと

「分かります」「そう言えば、これも言えますね」「こんな視点で、困った経験はないですか」などと話し合ってみます。ただし、思い出したくもないこと、言いたくないことは除いて構いません。

たとえば、次のような経験談が出てくると思います。

●保護者対応で困ったときに助けてくれなかった。

●児童生徒とうまくいかないとき、事情や経緯をほとんど聞かず「あなたの指導力不足だ」と断定された。

●大勢の教職員、あるいは自分のクラスの子どもがいる前で叱責された。

●はれ物のように扱われ、職員室で声をかけてくれる人が極端に少なくなった。等

要するに「自分がされてイヤだったことは、他人にしない」ということを、改めて考えるワークです。校長育成指標や教員育成指標など、目がチカチカするような細かい字でギッシリ書いているのを配る、読み上げるよりも、よほど、効果的な振り返り研修になるような気がするのですが。

いずれにせよ、学校や行政組織って、**マズイ例や失敗から学ぶということがとても少ない**と思います。たいてい、行政主催のシンポジウム等での実践発表って、グッドプラクティス人という位置づけのものですしね。

パワハラとは何か

関連して、今回参考にしたいのは、津野香奈美（2023）『パワハラ上司を科学する』（ちくま新書）です。タイトルも中身も秀逸だと思いますが、パワハラについて科学的な知見をびっしり詰め込んで、分かりやすく解説してくれています。

学校でも、一部に過ぎないかもしれませんが、パワハラ傾向の校長等はいます。教職員が何か意見しようものなら、すぐに怒り出したりする校長等もいます。こうした上司の下では、職員の多くは萎縮してしまって、心理的安全性の高い職場にはなりません。

まず「パワハラ」とは何かについて。「①優越的な関係を背景とした言動であって、②業務上必要かつ相当な範囲を超えたものにより、③労働者の就業環境が害されるものであり、①～③までの要素を全て満たすもの」を指します（労働施策総合推進法第30条の2）。そのため、部下からの言動もパワハラになりえます。厚労省資料も参考になると思います（次ページ図6-5）。

どんな人に多いのか

誰がパワハラをしているのでしょうか。国内外のどの研究でも、上司や上の立場の人であることが多いと報告されているようです。

人は社会的に優位な立場に立つと、横柄になることが分かっています。社会や組織の上

＜職場におけるパワハラに該当すると考えられる例/該当しないと考えられる例＞

以下は代表的な言動の類型、類型ごとに典型的に職場におけるパワハラに該当し、又は該当しないと考えられる例です。個別の事案の状況等によって判断が異なる場合もあり得ること、例は限定列挙ではないことに十分留意し、職場におけるパワハラに該当するか微妙なものも含め広く相談に対応するなど、適切な対応を行うことが必要です。※ 例は優越的な関係を背景として行われたものであることが前提

代表的な言動の類型	該当すると考えられる例	該当しないと考えられる例
(1)身体的な攻撃 (暴行・障害)	① 殴打、足蹴りを行う ② 相手に物を投げつける	① 誤ってぶつかる
(2)精神的な攻撃 (脅迫・名誉毀損・侮辱・ひどい暴言)	① 人格を否定するような言動を行う。相手の性的指向・性自認に関する侮辱的な言動を含む。 ② 業務の遂行に関する必要以上に長時間にわたる厳しい叱責を繰り返し行う ③ 他の労働者の面前における大声での威圧的な叱責を繰り返し行う ④ 相手の能力を否定し、罵倒するような内容の電子メール等を当該相手を含む複数の労働者宛てに送信する	① 遅刻など社会的ルールを欠いた言動が見られ、再三注意してもそれが改善されない労働者に対して一定程度強く注意をする ② その企業の業務の内容や性質等に照らして重大な問題行動を行った労働者に対して、一定程度強く注意する
(3)人間関係からの切り離し (隔離・仲間はずれ・無視)	① 自身の意に沿わない労働者に対して、仕事を外し、長期間にわたり、別室に隔離したり、自宅研修させたりする ② 一人の労働者に対して同僚が集団で無視をし、職場で孤立させる	① 新規に採用した労働者を育成するために短期間集中的に別室で研修等の教育を実施する ② 懲戒規定に基づき処分を受けた労働者に対し、通常の業務に復帰させるために、その前に、一時的に別室で必要な研修を受けさせる
(4)過大な要求 (業務上明らかに不要なことや遂行不可能なことの強制・仕事の妨害)	① 長期間にわたる、肉体的苦痛を伴う過酷な環境下での勤務に直接関係のない作業を命ずる ② 新卒採用者に対し、必要な教育を行わないまま到底対応できないレベルの業績目標を課し、達成できなかったことに対し厳しく叱責する ③ 労働者に業務とは関係のない私的な雑用の処理を強制的に行わせる	① 労働者を育成するために現状よりも少し高いレベルの業務を任せる ② 業務の繁忙期に、業務上の必要性から、当該業務の担当者に通常時よりも一定程度多い業務の処理を任せる
(5)過小な要求 (業務上の合理性なく能力や経験とかけ離れた程度の低い仕事を命じることや仕事を与えないこと)	① 管理職である労働者を退職させるため、誰でも遂行可能な業務を行わせる ② 気にいらない労働者に対して嫌がらせのために仕事を与えない	① 労働者の能力に応じて、一定程度業務内容や業務量を軽減する
(6)個の侵害 (私的なことに過度に立ち入ること) ★ プライバシー保護の観点から、機微な個人情報を暴露することのないよう、労働者に周知・啓発する等の措置を講じることが必要	① 労働者を職場外でも継続的に監視したり、私物の写真撮影をしたりする ② 労働者の性的指向・性自認や病歴、不妊治療等の機微な個人情報について、当該労働者の了解を得ずに他の労働者に暴露する	① 労働者への配慮を目的として、労働者の家族の状況等についてヒアリングを行う ② 労働者の了解を得て、当該労働者の機微な個人情報(左記)について、必要な範囲で人事労務部門の担当者に伝達し、配慮を促す

図 6－5 パワハラと考えられる例

出所）厚生労働省リーフレット「2020年（令和２年）６月１日より、職場におけるハラスメント防止対策が強化されました!」

位にいくほど、①慈悲や同情の気持ちが減り、②権利意識や自己利益についての意識が強くなり、③周囲の人の不利益を顧みなくなることが、さまざまな研究から分かっているのです。（p.48）

管理職になった方は、特に気をつけたいですよね。

パワハラを行いやすい人の性格特性もいくつかの研究で分かってきています。スウェーデンの研究者らが２０１９年に発表した論文では、「低い協調性」「低い正直さ―謙虚さ」そして「高い外向性」と、パワハラ行為との間に有意な関連が見られました（p.74）。外向性が高いということは一見人当りが良さそうですが、実際は人に関心がなく、自己利益を優先させるパワハラ行為者もいる、ということです。

どうしていけばよいか

では、どのような予防策や事後対応をしていけばよいでしょうか。津野（２０２３）は、パワハラ行為者に「自ら気付いてもらう」のは幻想でしかない、と断言しています。

「行為者は、自分の言動が相手にどのようなダメージを与えているのか認識できていないからこそ、パワハラをしている」ことを前提として対応すべきです。「自分で気付いてもらう」という方法は真っ先に外すべき選択肢だと言えます。（p.95）

そして、まず文書で注意指導を行うことをおすすめします、と書いています。その文書には「次に○○のような言動を行った場合は、懲戒処分に進む可能性がある」と記載しておくとよいようです。というのも、第一に、誰でも懲戒処分は避けたいので、自分の言動に気をつけるようになり、この文書自体がパワハラの抑止力になります。第二に、行動改善のチャンスを与えることで、「自分は期待されている」「必要とされている」と思ってもらいやすく、行動変容にポジティブな動機付けが行えます。第三に、その後、実際に懲戒処分を行うことになっても、行為者は心の準備ができているので、事態を受け止めやすく、不当な処分であると訴えられるリスクを減らせます。

学校でもパワハラは起きているが、実態把握は不十分

学校では、どのくらいハラスメントが起きているのでしょうか。文科省「令和4年度公立学校教職員の人事行政状況調査」によると、2022年度に「パワーハラスメント等教職員同士のトラブルに係わるもの」で懲戒処分を受けたのは17件（免職事案は無し）、訓告等は33件の計50件です（2021年度は58件、2020年度は53件）。これは全国の公立の小中学校、高校、特別支援学校等が対象の調査なので、約3万5千校で年間50件程度ということです。

この数字を「少なくてよかったね」と見るのか、それとも、「子どもたちには、人を傷つけてはいけませんなどと教える側がこれでは困る」と捉えるのか、評価は分かれると思います。

なお、人事行政状況調査にハラスメントの項目が加わったのは、神戸市立東須磨小学校での教員間暴行・いじめ事件（2019年に判明）が起きたことがきっかけで、2017年度以前の状況は

調査されていません。

現状でも、上記の数字は処分や訓告等となったもののデータなので、いわゆる泣き寝入り事案や教育委員会に報告されていないものは、カウントされていません。氷山の一角と言えそうです。「マズイ事例や問題には蓋をする、学ばない」ということで、なければよいのですが。

少し前ですが、全日本教職員組合（全教）青年部が2019年に実施した調査（小中高、特別支援学校等の811人が回答、20代・30代が多い）によると、「過去3年間で、パワハラについて受けたことがあるか」について「よくある」（6・6％）、「ときどきある」（25・6％）で合計約3割に上っています。『パワハラ上司を科学する』でも言及されているように、従業員側に聞く調査のほうがパワハラの発生率は高めに出る傾向が一般的です。とはいえ、先ほどの人事行政状況調査よりもはるかに多くの事案がありそうだ、ということは言えます。

パワハラを誰から受けたかについては、小学校では管理職（56・0％）、同僚（52・0％）、中学校では管理職（52・0％）、同僚（44・0％）、高校では管理職（35・3％）、同僚（75・9％）、特別支援学校では管理職（41・7％）、同僚（66・7％）という結果であり、高校と支援学校では同僚から受けたケースのほうが多いです。ただし、そうした事態を管理職が放置していたとすれば、管理職の責任も問われます。

どのような内容なのかについては、次ページの図6-6のとおり、「相手が正しいと思うことを一方的に押し付けられた」「怒鳴られた、過剰な叱責を受けた」「適切でないタイミング・場所で指示・指導を受けた（子どもや保護者の前、職員室でなど）」「陰で悪口を言われた」などが多いです。

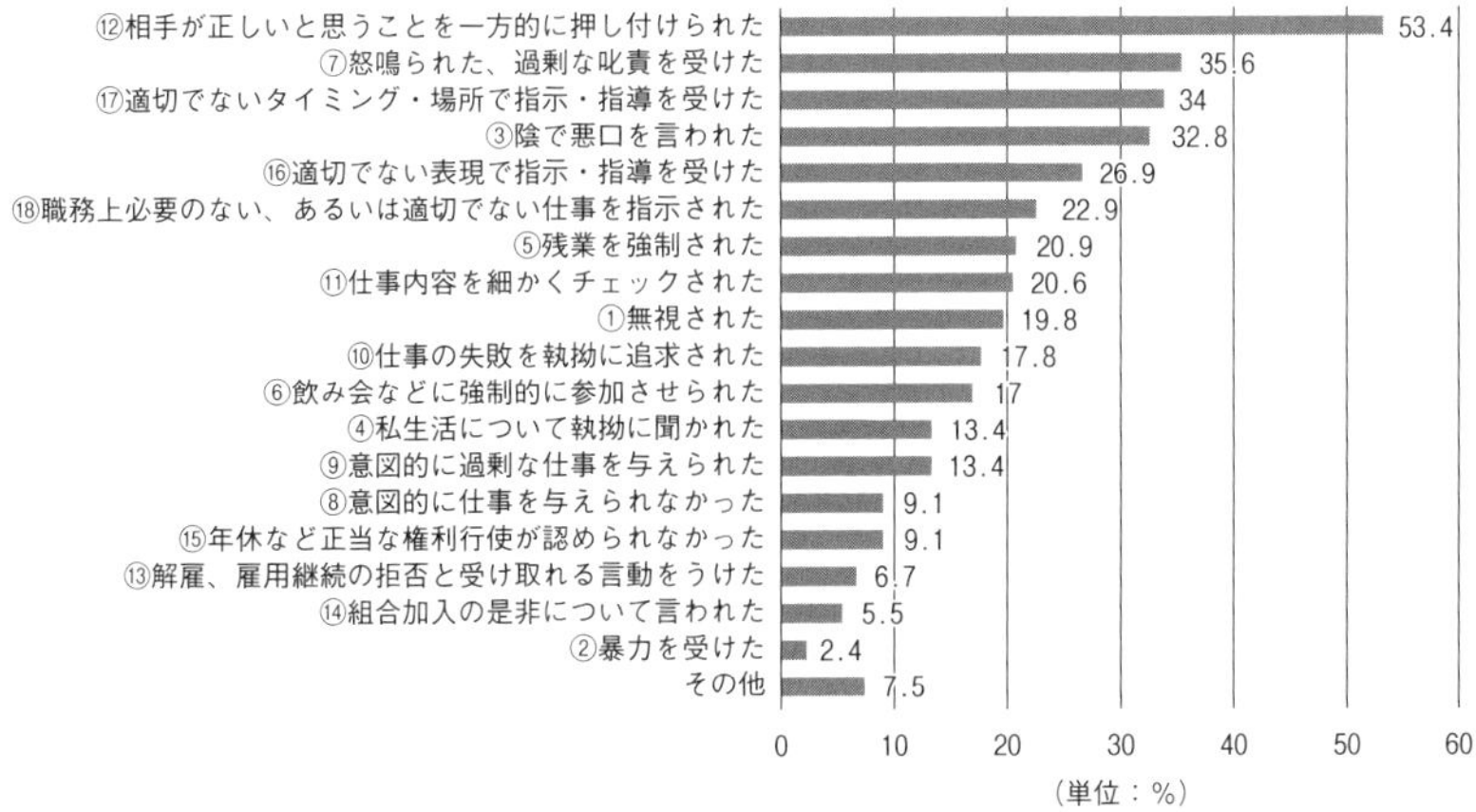

図6－6 パワハラを受けた具体的な内容
出所）全日本教職員組合「青年教職員に対するハラスメント調査」https://www.zenkyo.jp/speciality/1226/

また、教育委員会内部でもパワハラ、あるいは「不適切指導」と言えそうなことが少なくない、という話をときどき聞きます。学校よりも教育委員会事務局のほうが縦社会という性格が強いですし、議会や首長等から厳しいことを言われてストレスを溜めている教育委員会幹部は、部下に対してハラスメントを行うリスクが高いのかもしれません。

しかし、教育委員会事務局内部のことは調査すら実施されていないのではないでしょうか？

学校と教育委員会は、実例から学んでいるか

学校や教育行政では、パワハラ対策として、どうしているのでしょうか。

新任校長研修などで、ハラスメントについて学ぶようにしている都道府県・政令市等は多いと思います。しかし、一般的な知識を伝えている程度であるなら、あまり実効性は高いとは言えません。パワハラ行為者

に自ら気づいてもらうのはとても難しいのですから。

わたしは、その自治体で起きた実例をもとにした研修や演習（討議など）がもっとあったほうがよい、と考えています。[14]人は、数字や一般論を示されるだけでは行動変容しません。具体の実例、しかも身近で起きたことのほうが自分事として捉えやすいですし、何がまずかったのか反省しやすいからです。もちろん被害を受けた方が近くにいる可能性もあるので、配慮は必要ですが。

放任型リーダーシップが事態を悪化させる

津野（２０２３）では、学校に限らずの話ではありますが、上司のリーダーシップスタイルについても分析しています。とりわけ、わたしが学校にも参考になると感じたのは「放任型リーダーシップ」についてです。これは「リーダーシップの不在」とも言われていて、パワハラの発生と関連する破壊的リーダーシップと呼ばれているものの中でも「最も高頻度で観察されるもの」です。

〈放任型上司の特徴〉

・部下と積極的に関わると「ハラスメントだ」と訴えられかねないので、部下とは最低限の関わりしか持たないようにしている
・決断や判断を避ける
・部下が誰かをいじめていても、止めに入ることはしない
・出張や会議で忙しく、部下がいる職場を不在にしがちである
・部下をほめたり、ねぎらったりすることはほとんどない

・仕事に対する情熱を語ったり、目指すべき将来像を語ったりすることはない（前掲書pp.121-122）

校長や教頭がこうした放任型リーダーシップになっていることは、少なくないのではないでしょうか。なるべく「波風立てず」というタイプですね。

管理職研修でハラスメントについて学ぶことで、かえって部下とのコミュニケーションや指導を避けようとする、つまり放任型リーダーシップを助長してしまっている側面もあるのではないでしょうか。注意と検証が必要です。

放任型リーダーシップが事態を悪化させた典型例と思われるのが、前述した東須磨小学校の事案です。臨床心理士や弁護士、学校経営の研究者等で構成される委員会が再発防止のためにまとめた報告書には、次の一節があります。

本事案における教員間の風通しの悪さや互助性の弱さの要因の一つとして、歴代管理職のマネジメント力不足があげられる。

14　関連して、実績豊富な外部講師にお願いすればよい、とも必ずしも言えません。教育委員会の課長等が話すよりも、外部講師のほうがプレゼンテーションや説得の仕方はうまい可能性はあります（もちろん人によりますが）。ですが、外部講師はその自治体の実例に精通しているわけではありません。講師にお願いするパートと、教育委員会側が準備、主導するパートと両方あったほうがよいと思います。

本事案の調査報告書作成時から遡って、歴代の校長・教頭を見ると、
・前々校長は、専科教員と学年教員の確執を含め、職場の把握を怠り、教頭に任せきりであった。
・前校長（前々教頭）は、威圧的・高圧的で強権的なマネジメント手法をとったことで、ハラスメントを容認するような職場ができあがり、問題が封じ込められることになった。
・現校長（前教頭）は、教頭時代は違和感を覚えながらも動くことができず、校長になっても加害教員らをコントロールできない中で、被害教員から相談を受け、加害教員らに注意したが逆効果になるなど、教員への指導力・対応力が不十分であった。
・現教頭は、事件発生時まで状況を把握できていなかった。
という点が指摘できる。総じて管理職のマネジメント力に課題があったと考えられる。
（神戸市教育委員会「教員間ハラスメント事案に係る再発防止検討委員会報告書」（令和3年1月））

程度の差はあれ、こうした問題がある学校は、東須磨小だけではないでしょう。

校長登用の際にどこまでリスク感知できているか

『パワハラ上司を科学する』では、管理職への登用前に少なくとも次の3点を、その人と一緒に仕事をしたことのある周囲の人（同僚や部下）からのヒアリングによって確認するのがよい、とし

ています（pp.97－98）。パワハラをしやすい人には性格や行動で共通する特徴が見られるからです。

1　目的のためには手段を選ばない傾向があるか（マキャベリアニズム）
2　他者への共感力や良心が異常に欠如していないか（サイコパシー）
3　これまでに人をタダ働きさせたり、人の手柄を横取りしたりするなど、他者を不当に利用したことはなかったか（ナルシシズム）

これは学校に限らない組織の話なので、校長向けなら少し修正、アレンジする必要はありそうですが、校長への登用の前に、こうしたヒアリングやアセスメントをしている教育委員会はどのくらいあるでしょうか。おそらくごく少ないのではないかと推察します。校長候補者本人に面接しても、まず出てこない情報です。

言い換えれば、**パワハラ予備軍やハラスメントのリスクに対して、教育行政は無防備**である、と言えます。これに限った話ではありませんが、文科省も教育委員会も、あまりにも性善説、校長等になろうとする人は高潔で優れた人物に違いない、という〝お花畑〟にいるかのような発想に浸っているように思います。なにも、わたしは「校長はダメな人ばかりだ」と言いたいわけではありません。だれであっても、長所も短所もあるものです。校長のリーダーシップや教職員への働きかけがうまくいかないときもあることを想定した準備ができているか、ということを問いかけたいのです。

5／ピクサーの創造する力

トイ・ストーリー、モンスターズ・インク、ファインディング・ニモ

こう作品名を並べると「観たことある～」「わたしの好きな作品は～」と言いたくなる人もいるのではないでしょうか。これらに代表される数々のメガヒット作を生み出し続けるのが、ピクサー・アニメーション・スタジオ（以下、ピクサー）です。

もともと配給元という関係もあったウォルト・ディズニーとも2006年に合併。『ライオンキング』（1994年）以降振るわなかったディズニー・アニメーションを建て直したのもピクサーの影響が大きいとされています。『アナと雪の女王』の大ヒットは記憶にも新しいところですね。

なぜ、ピクサーはこうもヒット作品を生み出し続けることができるのでしょうか。その秘密に迫ったのが、同社の創設者で、ピクサーとディズニー・アニメーションの社長も務めていたエド・キャットムル氏の著書『ピクサー流　創造するちから――小さな可能性から、大きな価値を生み出す方法』（石原薫訳、ダイヤモンド社、2014年）です。

どの映画もつくり始めは駄作

さて、読者は先ほどの問いについて、どう思われますか？　ピクサーには天才的な監督や脚本家、アニメーターがたくさんいたからじゃないか。そう思われた方もいるのではないかと思います。ですが、キャットムルはこう書いています。

創造性というものがどのように生まれるかについて、ロマンチックな幻想を抱いている人は多い。先見性を持ったある人が、ふと映画や商品のアイデアがひらめく。先見者とそのチームが困難を乗り越え、偉大な予言を実現させる——それは、私が見てきたものとはまったく違う。ピクサーやディズニー・アニメーションに限らず、創造力あふれる天才に数多く出会ってきたが、思い返しても、最初から自分の追求するビジョンを明確に持っていた人は一人もいなかった。

経験から言えば、創造的な人々は、長年の献身的な努力を通じてビジョンを見出し、実現している。その意味で言うと、創造性は短距離走よりマラソンに近い。（p.292）

産みの苦しみとでも言うべきでしょうか。はじめからすごい作品が労なく生まれるというわけではないようです。当たり前と言われれば、そうなのですが。そういえば、『シン・エヴァンゲリオン劇場版』を手がけた庵野秀明監督を追ったＮＨＫのドキュメンタリーでも、何度も練り直して苦心している様子が描かれていました。

実際、ピクサーの初めてのヒット作、『トイ・ストーリー』が生まれるまでのあいだも紆余曲折がありました。当初、ディズニーのある幹部の注文で主人公ウッディのキャラを陰険にしたところ、全然魅力的な作品にならなかったそうです。制作途中のものを見せたところディズニーからは制作を中断して、脚本を練り直すように指示を受ける始末。この日のことはピクサーでは「ブラックフライデー」と呼ばれ、語り継がれています。

率直さほど重要なものはない

最初からいいものができるわけではないことは『トイ・ストーリー』に限ったことではありません。キャットムルはこう述べています。

> ピクサーの創造的プロセスにとって、率直さほど重要なものはない。それは、どの映画も、つくり始めは目も当てられないほどの「駄作」だからだ。（中略）ピクサー映画は最初はつまらない。それを面白くする、つまり「駄作を駄作でなくする」のがブレイントラストの仕事だ。（p. 130）

ここで、重要なことがふたつ出てきています。ひとつは、**「率直さ（candor）」**で、前掲書ではおそらく一番のキーワードとなっています。もうひとつは**「ブレイントラスト」**で、これは**制作途**

中の映画について、批評して改善点を見つける会議のことです。

「ブレイントラストとは、卓越した作品づくりに向けて、妥協を一切排除するための仕組みだ。スタッフが忌憚なく話し合いをするための要となる制度で、およそ数カ月ごとに集まり、制作中の作品を評価する。(p.126)」とあります。

論文の査読に似ているプロセスだ、とキャットムルは述べています。ブレイントラストでは、問題を診断しますが、治療法は指示しません。弱い部分を指摘し、提案や助言はしますが、その先どうするかは監督に任されています。

「なるほど、ピクサーでは改善点を指摘し合う会議が重要なんだな。よし、うちでもやってみるか」とカタチだけ真似してもうまくいかないかもしれません。ピクサーでさえ、会議中、以下のような配慮が働く人も少なくなかったようです。

> 礼を失したくない、相手の意見を尊重し、できれば従いたい、恥をかきたくない、知ったような口をききたくない。(中略)これはいいアイデアだろうか、それともくだらないアイデアだろうか。(中略)率直さなどそっちのけで、ばかだと思われないためにどうするかしか考えていない。(p.129)

少し前に「心理的安全性」という考え方について紹介しました。心理的安全性の高いとは、メンバー同士が健全に意見を戦わせ、生産的でよい仕事をすることに力を注げるチーム・職場のことです。先ほど引用した箇所のように、恥をかきたくない、ばかだと思われたくないといった思考が強く働いて、率直に意見が言えない、あるいは無難なことを言って場をおさめようとする傾向が強い組織では、心理的安全性が高いとは言えません。

ピクサーという会社が大事にしてきたのは、心理的安全性の高いチームをつくるということであり、これが創造性を発揮する素地になっているということがこの本では具体的なエピソードをもとに語られています。最後に、いくつかわたしが強く心に残った箇所を引用しておきます。

社員がアイデアや意見、批評を気兼ねなく交換できるのが、健全な創造的文化の証だ。率直さの欠如は、放っておくとゆくゆくは機能不全の環境を生んでしまう。（pp.125-126）

我々の目的は、ただヒット作品を生み出すスタジオをつくるのではなく、問いかけを続ける創造的な企業文化を育てることにある。（p.98）

率直な会話、活発な議論、笑い、愛情。ブレイントラスト会議に欠かせない要素を抽出すれば、この四つは必ず入る。（p.142）

本音を語るのは難しいことだが、創造性を求められる会社では、それがいいものをつくる唯一の方法だ。（pp.148-149）

あとがき

わたしが研修会のときによく紹介する寓話[15]があります。あるとき、森の中で、あなたは木こりに出会います。「いつからやっているんですか？」と尋ねると、「もう5時間だ。くたくただよ。大変な仕事だ」と彼は言います。「それなら、少し休んで、ノコギリの刃を研いだらどうです？　そうすれば、もっとはかどりますよ」とあなたは助言するのですが、木こりははき出すように言う。「切るのに忙しくて、刃を研ぐ時間なんかあるもんか！」

木こりはノコギリの刃がくたくたな状態で一生懸命やっている。刃を研いだら、もっと効率的に仕事が片付くはずなのに、その暇がないんだよと言って、目の前のことに手一杯。だから、いつまでも仕事がはかどらない。

こういうことって、学校にも多々あるのではないでしょうか。わたしもそう偉そうなことは言えません、自戒を込めて申し上げています。

「刃を研ぐ」というのは2通りの意味があると、わたしは捉えています。ひとつは、木こりの話のように、ときには立ち止まって、仕事の仕方やあり方を見つめなおしてみる、ということ。

15　スティーブン・R・コヴィー（2013）『完訳　7つの習慣　人格主義の回復』（フランクリン・コヴィー・ジャパン翻訳、キングベアー出版）を参照。

学校でいうと、たとえば、授業プリントづくりで一生懸命な先生は少なくないわけですが、「もっと別の教材でもいいのではないか？」「本当にそのプリントを作る必要はあったけ？」「そもそも授業準備ってなんのためだっけ？」「時間対効果の高い授業準備には、たとえばどんなものがあるだろうか？」といったことを考えてみること、学校内外で話し合ってみることが「刃を研ぐ」ことに通じます。

本書でも解説してきた、「批判的リフレクション」、「エフォートレス思考」、「複眼思考」、「改革ごっこ」ではなく本質を掴もうとすることなどが関連深いですし、チームのなかでの「多様性」や「心理的安全性」が高いかどうかも影響します。

もうひとつの意味は、自分を磨く、自分の強みを伸ばすという意味、自己研鑽、自己投資です。本書の冒頭で紹介した出口治明さんの話にも通じますし、本書のなかでは「脱・指示待ち」、「自分の得意な形に逃げない」こと、知の「探索」(「両利きの経営」)、「充足感」を大切にする「ダークホース」たちの生き方などにも関連深いです。

さて、『学校をアップデートする思考法』、いかがでしたか。

本書が、みなさんにとって、上記の2通りの意味での「刃を研ぐ」一助になれば、幸いです。

２０２４年８月
妹尾昌俊

引用・参考文献一覧

・出口治明（2019）『知的生産術』日本実業出版社
・妹尾昌俊（2019）『学校をおもしろくする思考法』学事出版
・田村潤（2018）『負けグセ社員たちを「戦う集団」に変えるたった1つの方法』ＰＨＰ研究所
・田村潤（2016）『キリンビール高知支店の奇跡』講談社
・妹尾昌俊（2021）『教師と学校の失敗学』ＰＨＰ研究所
・ロレン・ノードグレン、デイヴィッド・ショーンタル著、船木謙一監訳、川崎千歳訳（2023）『「変化を嫌う人」を動かす』草思社
・小倉昌男（1999）『小倉昌男　経営学』日経ＢＰ社
・沼上幹（2018）『小倉昌男』ＰＨＰ研究所
・ジェリー・Ｚ・ミュラー著、松本裕訳（2019）『測りすぎ』みすず書房
・佐藤郁哉（2019）『大学改革の迷走』筑摩書房
・戸部良一・寺本義也・鎌田伸一・杉之尾孝生・村井友秀・野中郁次郎（1991）『失敗の本質』中央公論社
・リチャード・Ｐ・ルメルト著、村井章子訳（2012）『良い戦略、悪い戦略』日本経済新聞出版
・沢渡あまね（2019）『仕事ごっこ』技術評論社
・グレッグ・マキューン著、高橋璃子訳（2014）『エッセンシャル思考』かんき出版
・グレッグ・マキューン著、高橋璃子訳（2021）『エフォートレス思考』かんき出版
・羽生善治（2020）『直感力』ＰＨＰ研究所
・松尾睦（2021）『仕事のアンラーニング』同文舘出版
・川上康則（2022）『教室マルトリートメント』東洋館出版社
・ちきりん（2016）『自分の時間を取り戻そう』ダイヤモンド社
・武田信子（2021）『やりすぎ教育』ポプラ社
・トッド・ローズ、オギ・オーガス著、大浦千鶴子訳（2021）『Dark Horse』三笠書房
・マシュー・サイド（2021）『多様性の科学』ディスカヴァー・トゥエンティワン
・チャールズ・Ａ・オライリー、マイケル・Ｌ・タッシュマン著、渡部典子訳（2019）『両利きの経営』東洋経済新報社
・石井遼介（2020）『心理的安全性のつくりかた』日本能率協会マネジメントセンター
・エイミー・Ｃ・エドモンドソン著、野津智子訳（2021）『恐れのない組織』英治出版
・津野香奈美（2023）『パワハラ上司を科学する』筑摩書房
・エド・キャットムル、エイミー・ワラス著、石原薫訳（2014）『ピクサー流　創造するちから』ダイヤモンド社

妹尾昌俊　せのお・まさとし

一般社団法人ライフ&ワーク代表理事、教育研究家

徳島県出身。野村総合研究所を経て、2016年から独立。全国各地の教育現場を訪れて講演、研修、コンサルティングなどを手がけている。教育委員会向けのアドバイザーも多数経験。中央教育審議会「学校における働き方改革特別部会」委員、「質の高い教師の確保特別部会」委員、スポーツ庁、文化庁において、部活動のあり方に関するガイドラインをつくる有識者会議の委員なども務めた。

著書に『校長先生、教頭先生、そのお悩み解決できます!』『先生を、死なせない。教師の過労死を繰り返さないために、今、できること』(以上、教育開発研究所)、『学校事務“プロフェッショナル”の仕事術』『変わる学校、変わらない学校』(以上、学事出版)など多数。

メールアドレス:senoom879@gmail.com
X(Twitter):@senoo8masatoshi

学校をアップデートする思考法

学び続けるチームになる

2024年10月1日　初版第1刷発行

著　　者　妹尾 昌俊
発 行 人　鈴木 宣昭
発 行 所　学事出版株式会社
〒101-0051 東京都千代田区神田神保町1-2-5
電話　03-3518-9655
https://www.gakuji.co.jp/

編集担当　若染 雄太・二井 豪
デザイン　弾デザイン事務所
印刷・製本　精文堂印刷株式会社

ISBN978-4-7619-3034-9　C3037